AF466222

SOUVENIRS D'ORIENT

LES ÉCHELLES DU LEVANT

PARIS. — IMP. ADRIEN LE CLERE, RUE CASSETTE, 29.

SOUVENIRS D'ORIENT

LES

ÉCHELLES DU LEVANT

PAR

LE Dr C. ALLARD,

Chevalier de la Légion d'honneur, inspecteur des eaux de Royat.

PARIS

ADRIEN LE CLERE ET Cie
ÉDITEURS
Rue Cassette, 29.

C. DILLET
ÉDITEUR
Rue de Sèvres, 15.

1864

NOTICE

SUR LA VIE ET LES ŒUVRES

DE

CAMILLE ALLARD

Pendant que s'imprimaient les dernières feuilles de ce livre, l'auteur mourait à Marseille, sa patrie, au milieu du mois de mai de l'année 1864, à l'âge de trente-deux ans. Déjà il avait donné à la bibliothèque choisie du *Messager de la semaine* un volume sur la Bulgarie orientale. Il a laissé un manuscrit qui, nous l'espérons, sera bientôt publié et qui traite *de la maladie* et de la médecine. On y trouve, à côté de hautes considérations philosophiques, d'utiles conseils qu'il a le premier mis en pratique sur les moyens de rendre profitables pour l'âme les souffrances du corps.

Nous avons été le témoin de ses dernières douleurs, et si nous pleurons encore sa mort récente, ce n'est pas sans consolation que nous traçons ces lignes pour faire connaître l'auteur de ce livre à ceux qui le liront, et leur faire mesurer l'étendue de la perte que la science et la religion viennent d'éprouver.

Camille Allard naquit à Marseille le 7 octobre 1832. Après avoir terminé avec succès le cours de ses études classiques dans le lycée de cette ville, il embrassa la carrière médicale, et se voua d'abord exclusivement, avec toute l'ardeur de son caractère, aux longues et difficiles études qu'elle exige. Il fit de rapides progrès, qui lui permirent d'obtenir au concours dans les hôpitaux de Marseille et de Paris, ces places si enviées qui permettent aux étudiants d'observer de plus près et de joindre plus efficacement la pratique à la théorie. Il fut reçu docteur en médecine à la Faculté de Paris le 14 décembre 1853, avec la mention : très-bien. Ce qui lui valut ce témoignage de satisfaction de la part de ses juges, ce fut surtout la savante thèse qu'il présenta et qui obtint les honneurs de l'impression dans l'*Union médicale* (1). L'année suivante, il fut chargé d'une commission de médecin sanitaire à bord des paquebots-poste du Levant. Attaché au service des transports des blessés, il passa deux mois en station dans la mer Noire. Désireux de mettre à profit, pour son instruction personnelle, ses premiers voyages en pays lointains, il consacra le peu de temps que lui laissait le soin des malades à des observations intelligentes et à la rédaction de notes de voyage qui lui fournirent, plus tard, les premiers éléments de son livre sur les Échelles du Levant. Au commencement du mois de juin 1855, il fut nommé médecin sanitaire de la mission des ponts et chaussées de France dans la région danubienne. Son livre sur la Bulgarie orientale nous fait connaître quelques-uns des travaux de cette mission, et nous montre avec quelle studieuse application il utilisait ses voyages. Il notait chaque soir les observations de la journée. Il ne perdit pas cette habitude lorsqu'il eut cessé de voyager; seulement il s'observa

(1) Cette thèse traitait : *Du poisson considéré comme aliment dans les temps anciens et modernes, et de ses effets sur l'organisme humain.*

lui-même au lieu d'observer le monde extérieur, et il écrivit le journal de son âme. Ce fut surtout pour attirer sur les chrétiens d'Orient l'attention des chrétiens d'Occident que Camille Allard publia, sur la *Bulgarie Orientale*, les remarquables articles qui sont devenus un des livres les plus curieux qu'on puisse consulter quand on veut connaître cette contrée ignorée. Dans ce livre il parle peu de lui-même, et loin d'imiter l'exemple de la plupart des voyageurs qui racontent leurs impressions, il ne songe nullement à se mettre en relief. On ne saurait pas avec quel dévouement il a rempli ses fonctions, si les importants services qu'il a rendus aux divers membres de la mission française, n'étaient pas consignés dans le rapport adressé au ministre du commerce par M. l'ingénieur en chef, directeur de la mission.

Les voyages et les travaux de Camille Allard, qui comptait trop sur sa vigueur et sa jeunesse, avaient altéré sa santé. D'inquiétantes douleurs de poitrine lui firent désirer une vie moins agitée sous un climat moins meurtrier. Nommé en 1856 médecin des eaux de Saint-Honoré, dans la Nièvre, et, en 1860, inspecteur des eaux de Royat et de Saint-Mart, dans le département du Puy-de-Dôme, il put jouir d'un repos relatif qui lui permit de recouvrer une partie de ses forces. Un mariage selon ses vœux, en 1857, lui apporta toutes les joies du foyer domestique. Mais il fallait à son activité un travail incessant. Il fut nommé en 1860 professeur suppléant à la faculté de médecine de Clermont. Ses études scientifiques avaient endormi pendant quelque temps ses goûts littéraires ; mais elles ne les avaient pas éteints. Il se retrouva écrivain dès qu'il le voulut. Après avoir publié diverses brochures purement médicales (1), il sentit le besoin d'horizons plus étendus. Il donna divers articles au *Corres-*

(1) Nous citerons entre autres : 1° *Considérations sur le traitement thermal des affections pulmonaires.* 2° *Le traitement de la scrofule par les eaux sulfureuses.* 3° *De la thérapeutique hydro-minérale des maladies constitutionnelles et en particulier des affections tégumentaires externes.* Ce mémoire devait former les trois premiers chapitres d'un traité complet de thérapeutique hydro-minérale des affections de la peau et des muqueuses. 4° *De la méthode en hydrologie médicale*. La Société d'Emulation de Paris, devant qui fut lu ce mémoire, en vota la publication dans l'*Union médicale.* 5° *Des eaux de Saint-Honoré considérées dans leur analogie avec les eaux sulfurées thermales des Pyrénées.* 6° *Esquisse d'une monographie des eaux de Saint-Honoré.* 7° *Mission médicale dans la Dobroutcha*, etc.

dant et à la *Revue d'Économie chrétienne*, et prépara ainsi les volumes destinés à la bibliothèque choisie du *Messager*. Ses récits et ses impressions de voyage, soit dans la Bulgarie soit dans le Levant, furent remarqués du public lettré. Mais il ne devait pas jouir longtemps de la juste réputation qu'il commençait à obtenir par ses travaux. En 1863 il recevait la croix de la Légion d'honneur à un âge où tant d'autres n'ont pas encore songé à la mériter. Au moment où tout souriait à sa jeunesse, où l'avenir s'annonçait sous les plus brillants auspices, où quatre gracieux enfants semblaient devoir le retenir sur la terre, où les plus honorables amitiés ajoutaient un charme et une gloire de plus à sa vie, la mort, une mort lente dont il a pu calculer l'approche et compter tous les pas, est venue détruire tant d'espérances et tant de rêves de bonheur. Sa famille et quelques-uns de ses amis l'entouraient à ses derniers moments, pendant qu'il recevait avec une piété exemplaire toutes les divines consolations que l'Église peut apporter aux mourants. Quoique l'heure de la séparation fût prévue depuis plusieurs mois, nul n'était assez fort pour retenir ses sanglots en cet instant suprême. Lui seul était calme et adressait à chacun ses dernières recommandations, comme à la veille d'un voyage on prend des arrangements de famille. Sa voix éteinte par l'agonie demandait encore des prières. Il montrait le ciel d'une main qui pouvait à peine se soulever; puis il ajoutait en expirant : « Là-haut nous nous retrouverons tous. »

Cette mort si chrétienne n'a étonné aucun de ceux qui connaissaient l'âme de Camille Allard. Nous voudrions en peu de mots faire apprécier cette âme si élevée, si généreuse, si compatissante, si évangélique. Après avoir raconté brièvement la vie extérieure de Camille Allard, nous voudrions essayer de raconter sa vie intérieure. Ce livre, où on retrouve le chrétien en même temps que le voyageur, n'en sera que mieux compris.

La première éducation de Camille Allard fut religieuse ; mais il subit, comme tant d'autres, pendant les années effervescentes de la jeunesse, l'influence du milieu délétère où il fut obligé de se trouver, lorsqu'il poursuivit le cours de ses études spéciales. Sans doute il ne perdit jamais la foi ; elle était gravée dans son âme, depuis sa plus tendre enfance, en traits ineffaçables ; mais la religion ne le captiva pas entièrement sous son joug divin. Plus tard, il ne parlait de ce qu'il appelait ses égarements d'esprit et de cœur qu'avec une humilité qu'on aurait pu trouver excessive, si on n'avait senti combien elle était sincère. Il fallait peu de chose pour ramener à la fervente pratique du christianisme une âme où l'action de la grâce était préparée par les heureuses qualités de la nature. La Providence mit sur ses pas Paul Reynier, dont l'ardente amitié, l'amabilité séduisante, les courageux exemples, les éloquentes paroles, firent sur lui une décisive impression. On trouvera dans ce livre le récit de la rencontre de Camille Allard et de Paul Reynier, en 1854, sur le paquebot qui allait de Marseille en Égypte. Ces deux nobles cœurs, si bien faits pour se comprendre et pour s'aimer, se retrouvèrent à Paris deux ans plus tard. Quels admirables projets ils formèrent ensemble ! quels entretiens ils prolongèrent, heureux de se revoir et pressentant que leur bonheur ne serait pas de longue durée. La mort brisa tout à coup cette amitié déjà si forte, quoiqu'elle ne datât que de deux ans. Que dis-je? Les liens qui enchaînaient ces deux âmes l'une à l'autre n'ont pas pu être dénoués par le trépas. L'amour est plus fort que la mort : *Fortis ut mors dilectio.*

Nous avons raconté ailleurs (1) comment a vécu et comment est mort, à vingt-quatre ans, Paul Reynier, qui semblait né pour offrir à notre siècle un type accompli de poëte chrétien. En écrivant les pages destinées à servir d'introduction aux œuvres de Paul Reynier, nous ne prévoyions pas que nous remplirions, quelques années après, pour Camille Allard ce dernier devoir de l'amitié. Quelles furent les paroles suprêmes échangées entre les deux amis pendant le mois qui précéda le moment douloureux où l'un dut fermer les yeux à l'autre et recevoir son dernier soupir? Nous pouvons nous faire une idée de ces admirables confidences. Quelques jours avant sa mort, Paul Reynier, pressentant sa fin prochaine, écrivit diverses

(1) Voir la notice biographique qui précède les œuvres de Paul Reynier.

lettres qui ne devaient être remises à sa famille et à ses amis, que si le triste événement qu'il envisageait avec une sérénité vraiment chrétienne, venait à se réaliser. La lettre destinée à Camille Allard contenait ces lignes touchantes : « Vous avez été pour moi l'ami de la dernière heure, aussi payé en affection que ceux du matin même de la vie. Vous avez été le dernier sentiment d'amitié dont j'aie respiré la douceur dans mon exil parisien. Nous nous étions promis de faire du bien ensemble ; la gerbe que nous devions former à deux vous est toute laissée à moissonner. Songez, tendre ami, que chaque épi que vous y ajouterez peut avoir une vertu salutaire pour calmer les souffrances épuratives de votre Paul. Si la sainte Vierge, comme je l'espère de celle que j'ai toujours aimée, m'ouvre le paradis, je vous suivrai d'en haut avec amour. Suivez-moi d'en bas par vos prières et gardez-moi une place de souvenir dans votre cœur. Le souvenir doit consoler les morts comme les vivants... » Voilà donc quels étaient les rêves de ces deux âmes qu'appelait le Ciel. Ils se promettaient de faire du bien ensemble. Ils voulaient rendre chrétiens comme eux tous ceux qui étaient jeunes et ardents comme eux.

Camille Allard ne crut pas que la mort de son ami, en le privant de son meilleur appui et de sa plus douce consolation, le dégageait devant Dieu, et lui permettait de ne plus songer à l'œuvre qu'ils avaient résolu d'accomplir en commun. Il recueillit comme un testament sacré la parole de son ami : « La gerbe que nous devions former à deux vous est toute laissée à moissonner. » Peu de jours après la mort de Paul Reynier, il nous écrivit... « Paul nous a montré la voie, et plaise à Dieu de nous la rendre la moins rude, la moins longue possible... (Hélas ! cette dernière prière a été exaucée...) La tâche qu'il m'a laissée m'effraye, et je ne cesse de demander à Dieu des forces pour l'accomplir... La préoccupation de ses derniers jours, comme celle de toute sa vie, fut la conversion de ses amis et de tant de jeunes gens qui vivent éloignés de Dieu, parce que nulle main secourable ne vient les soutenir. Nous avions déjà formé tout un plan, qu'après sa guérison nous devions tâcher de mettre à exécution. La mort de Paul ne m'a point paru devoir rien changer à nos projets. Ne m'a-t-il pas dit qu'il me suivait du haut du Ciel? Il prendra donc une part plus grande encore à notre œuvre qu'il n'eût pu le faire sur la terre. Il m'a déjà donné la preuve de son intervention, et je commence à avoir plus de confiance, parce que je ne suis plus seul. De bons amis, pleins d'ardeur et de zèle, auxquels j'avais parlé de la dernière pensée de Paul, l'ont accueillie avec enthousiasme... Tous les jeunes gens qui entreront dans l'œuvre nouvelle, devront appliquer au succès de la religion leur vocation tout entière, et chacun, dans la sphère de sa vocation, devra se vouer à l'apostolat laïque. *Humilitas et caritas* seront nos mots de ralliement. Toute basée sur la prière et sur l'étude, notre mission dans le monde sera de faire connaître, de faire aimer cette religion aimable que l'on ignore. Fermer la bouche aux demi-savants qui la calomnient sans la connaître, faire entendre un mot de cœur aux âmes tendres et qui ont besoin d'aimer, leur montrer le seul amour véritable, tel sera notre but... »

Dès ce moment toute la vie de Camille Allard peut se résumer en deux mots : humilité et charité! Il fut dans le monde un véritable apôtre, et mit au service de sa foi toutes les ressources de sa profession. Que de cœurs malades il a soulagés! que d'âmes il a ramenées à la piété de leur enfance! Les conférences de Saint-Vincent de Paul comptèrent peu de membres plus actifs et plus dévoués. Il possédait à un rare degré, je ne dirai pas l'amour, mais le culte des pauvres. Sous leurs haillons il semblait apercevoir, comme sous un voile, l'adorable figure de Jésus-Christ. A Villefranche, où il a passé ses deux derniers hivers, il avait donné l'ordre de n'empêcher aucun pauvre de frapper à sa porte et de n'en laisser aller aucun sans quelque aumône. Fonder un hospice où les pauvres pourraient venir demander aux propriétés curatives des eaux minérales le soulagement de leurs maux, telle fut sa constante préoccupation, lorsqu'il fut nommé médecin inspecteur des eaux de Royat et de Saint-Mart. Il a eu le bonheur, avant de mourir, de voir son plus cher désir réalisé. Il aurait pu être justement fier, ce semble, de cet hospice de Royat, dont il avait conçu la pensée et activé l'exécution; mais il ne craignait rien tant que d'éprouver à la vue de cette œuvre un sentiment d'amour-propre. Pour faire comprendre quelle humilité accompagnait sa charité, il nous suffira de citer les lignes suivantes extraites de son journal, dont les plus belles pages seront peut-être publiées prochainement :

« Vous m'avez permis de voir votre culte établi dans la chapelle de l'hôpital dont vous avez gratifié notre station thermale (de Royat). Je vous demande pardon, ô mon Dieu, de n'avoir pas coopéré à cette œuvre comme j'aurais dû le faire. On me croit bon, et je ne suis que très-mauvais; je passe pour faire ce que je ne fais pas. Pardonnez-moi, ô mon Dieu, et ne permettez pas que je m'enorgueillisse...»

Arrivé à un tel degré de piété et d'union avec Dieu, il ne pouvait pas être épouvanté par la pensée de la mort. Quelquefois, en arrêtant ses regards sur la jeune femme qu'il allait sitôt laisser veuve, sur les quatre gracieux enfants qui allaient être orphelins, il s'attendrissait et demandait à Dieu avec ardeur de le laisser vivre encore quelques années, de lui rendre ses forces qui s'épuisaient chaque jour.

Mais cette prière était bientôt suivie d'un acte de résignation. Dès la fin de l'année 1862 il écrivait : « Il me semble, mon Dieu, que je ne vais pas mieux, et que mon état s'aggrave. Que votre sainte volonté soit faite sur moi, ô mon Dieu, et rien qu'elle. Vous connaissez mieux que moi ce qui me convient. Santé ou maladie, vie ou mort, j'accepte tout avec une égale soumission; je ne vous demande que l'amour et une horreur croissante du péché. La vue du ciel, le désir du ciel, l'union avec vous, là est le seul bonheur désirable. Si cela est conforme à vos desseins éternels, ô mon Dieu, ne me séparez pas encore de ma femme et de mes enfants. Cette paix et cette joie de mon intérieur me sont bien douces, trop douces peut-être : car nous ne devons pas nous trouver trop bien sur la terre...»

Dieu lui accorda deux ans. Son état, qui avait si tristement empiré, redevint tout à coup meilleur. Un rayon d'espérance consola ceux qui l'aimaient, il put lui-même sourire à l'avenir. Mais sa vie ne se prolongea que pour achever de s'épurer dans le creuset des souffrances. Dans la dernière phase de sa maladie,

Camille Allard édifiait tous ceux qui étaient les témoins de ses cruelles douleurs. On n'aurait pu s'expliquer sa douce résignation et sa patience inaltérable, si le crucifix qui était toujours à la portée de ses lèvres, de ses mains ou de ses regards, n'avait révélé le secret de sa force. Que de fois nous l'avons entendu murmurer, durant les courts instants de répit que lui laissait une toux opiniâtre : *Fiat voluntas tua!* ou le mot de S. François Xavier : *Amplius, Domine, amplius!* C'est avec cette filiale soumission à la volonté de Dieu qu'il a souffert et qu'il est mort, laissant à ceux qui l'ont connu un souvenir qu'ils ne pourront oublier et un modèle qu'ils s'efforceront d'imiter. En attendant que la publication d'une partie de son journal et de ses lettres le fassent connaître plus complétement, puissent ces lignes consacrées à sa mémoire continuer le bien qu'il a fait, étendre l'influence de son exemple, apprendre à vivre et à mourir en chrétien.

L'abbé A. Bayle.

A LA MÉMOIRE DE MON AMI

PAUL REYNIER

« Si la sainte Vierge, comme je l'espère de celle que j'ai toujours aimée, m'ouvre le paradis, je vous suivrai d'en haut avec amour. Suivez-moi d'en bas par vos prières et gardez-moi une place de souvenir dans votre cœur. Le souvenir doit consoler les morts comme les vivants. »

(P. REYNIER, *Lettre à un ami.*)

INTRODUCTION

La mode n'est plus aux préfaces, et cette fois elle n'a pas tort. Un livre doit contenir en lui-même toutes les preuves de sa raison d'être, et l'auteur, s'il a bien rempli la mission dont il s'est cru chargé, n'a besoin ni d'excuse ni d'explication. Le lecteur s'inquiète peu des questions personnelles, et s'il achète le livre, c'est qu'il approuve l'auteur de l'avoir écrit. Cher lecteur, au moment donc où ces pages m'échappent, pour aller s'effacer dans la nuit, ou, si Dieu le permet, vous faire quelque bien, je ne viens réclamer de vous ni indulgence ni pitié. J'ai voulu offrir à notre littérature catholique une humble petite fleur cueillie sur cette terre d'Orient, toute formée de reliques trop oubliées et profanées. Si ce souvenir vous arrive sans parfum, n'en accusez que moi, et n'allez pas croire que ce beau pays ne produit plus que des fleurs fanées.

Ne jugez pas de l'original par l'inhabileté du peintre. J'ai écrit ce livre, bien moins pour vous faire connaître l'Orient, mille fois décrit déjà, que pour vous le faire aimer. Nouveau Pierre l'Hermite, puissé-je vous inspirer l'ardeur d'un autre âge ! Ne croyez pas que le beau temps des croisades soit passé : le sang français vient d'arroser encore la terre d'Orient; mais, comme jadis, Byzance a fait oublier Jérusalem, et les intérêts passagers de la politique de ce monde ont seuls immolé les nouveaux chevaliers chrétiens. N'est-ce pas une preuve que le temps des croisades sanglantes est passé; que l'amour seul doit remplacer la force, et le missionnaire le soldat ? Que si Dieu ne vous a pas donné cette sublime mission, allez du moins par votre présence montrer aux populations chrétiennes égarées par le schisme, comme aux ennemis de la croix, que les hommes de l'Occident n'ont pas oublié le tombeau du Christ, foyer de la lumière du monde. La facilité, la commodité et le prix relativement peu élevé des transports maritimes, en diminuant, sinon en détruisant les mérites du pèlerinage, en ont fait presque un devoir pour un grand nombre de catholiques, et précisément pour vous peut-être, cher lecteur. Étrange paradoxe, allez-vous dire. Ne vous hâtez pas de juger ainsi, et pensez-y. Peut-être trouverez-vous avec moi que cette croisade pacifique que je prêche est la meilleure de toutes et contient le secret de la régénération de l'Orient. Devons-nous demeurer spectateurs indifférents devant le grand mouvement de la civilisation moderne, et les communications rapides qui suppriment les distances ne doivent-elles servir qu'à la politique, au commerce ou à l'erreur? Dieu ne permet de telles choses que parce qu'elles doivent servir à la diffusion de sa lumière, et le grand devoir des catholiques est non-seulement de ne pas demeurer étrangers à cette agitation du monde, à ce mouvement incessant des corps et des intelligences, mais de chercher à en prendre la direction pour la faire servir à la gloire de Dieu et à l'avénement de son règne sur la terre.

L'action et la parole se doivent un mutuel appui. Que ceux que Dieu fit forts agissent, que les faibles parlent et écrivent et stimulent les forts ; toute voix juste peut trouver sa place dans ce grand concert, comme la plus petite fleur dans le plus beau bouquet. Ne cessons pas de parler de ce qui doit être connu, ne cessons pas de louer ce qui doit être aimé. Qu'importe que ces lignes ne durent qu'un jour, si d'autres doivent répéter demain ce qu'elles disent aujourd'hui? Les mêmes pensées doivent prendre sans cesse des formes nouvelles pour attirer l'attention de la foule indifférente et se fixer dans son souvenir. Puissent ces pages inspirer le désir du départ à leurs lecteurs, et être oubliées elles-mêmes pour de plus intéressants récits qu'elles auront provoqués! Que ne peuvent-elles encore réveiller une voix pour toujours éteinte, et qui eût admirablement bien mieux parlé que nous de toutes ces grandes choses! Nous eûmes pour compagnon de voyage en Orient un poëte charmant, un catholique accompli, que nous aimions trop à écouter pour ne pas regretter de l'entendre encore. Paul Reynier avait aussi formé le projet de raconter ce voyage que nous avons fait en partie ensemble ; mais cette voix était digne d'entrer dans les concerts angéliques, et Dieu s'est hâté de l'appeler à lui. Le nom de Paul Reynier est peut-être nouveau pour beaucoup de nos lecteurs; mais quand notre petit livre ne servirait qu'à le faire connaître, nous croirions avoir rempli une assez belle mission. Les belles âmes ne quittent jamais la terre complétement; leur souvenir est plein encore de rayonnement. Elles ont passé en faisant le bien, et elles continuent à le faire même quand elles ne sont plus.

Au commencement de l'année 1856, un convoi de modeste apparence se dirigeait à travers Paris vers la gare de Lyon. Le siècle indifférent et réaliste se découvrit à peine devant ce cercueil, autour duquel quelques jeunes gens pleuraient un grand cœur, de grandes espérances évanouies, et plus encore, un saint. La jeunesse marseillaise vint saluer, à leur arrivée sur les rives de la Méditerranée, les dépouilles de celui qui fut sa gloire, et qui passa sa courte vie à aimer et à chanter pour ceux qu'il aimait. Paul Reynier fut un parfait modèle d'amitié chrétienne; il se plaisait à confier au cœur de ses amis ses inspirations poétiques, qu'il y a laissées gravées en traits ineffaçables.

Mais il chantait surtout pour Dieu et pour la Vierge Marie, et il a emporté au ciel ses plus beaux accents. Sans chercher pour lui une gloire à laquelle il tenait si peu, sa famille et ses amis ont cru remplir un devoir sacré en offrant à notre chère littérature catholique le bouquet de prières ardentes et de méditations dont le poëte n'a pas eu le temps de choisir et de réunir lui-même les fleurs précieuses.

M. l'abbé Bayle a recueilli une partie de ces notes éparses dans un charmant volume (1), qu'il a offert à tous ceux qui ont aimé et qui aimeront Paul Reynier. La notice biographique qu'il lui a consacrée, comme introduction nécessaire à ses poésies, est un chef-d'œuvre de sentiment et de grâce littéraire.

Cette vie si courte et si pleine que le poëte a passée

..... les yeux,
Dans une extase sainte, attachés sur les cieux,
Et les doigts posés sur sa lyre,

(1) *Poésies de Paul Reynier*. Notre Bibliothèque a acquis ces poésies, qui feront un charmant volume.

apparaît à travers le récit de son ami comme un splendide et lointain paysage, que le cristal rapproche et fait admirer en s'effaçant lui-même. Aussi ne saurait-on pas plus séparer la notice biographique des poésies que le poëte de ses œuvres ; et quand on a appris à aimer le poëte, on se plaît à donner son affection au panégyriste, comme le marin s'attache à l'instrument qui lui montre à l'horizon la terre qu'il regrette ou qu'il désire.

Dans la même année les poésies de Paul Reynier ont eu deux éditions, et de plus, un recueil d'hymnes pieux a été tiré de la deuxième édition. Les journaux et les revues s'occupèrent un instant de cette voix si jeune et déjà muette, qui savait animer la forme antique d'une inspiration chrétienne si brillante et si pure. Quelle eût été la destinée du poëte, s'il lui eût été donné de poursuivre plus longtemps, ici-bas, l'idéal qu'il voit aujourd'hui face à face ? s'il avait pu, dans la maturité de son talent chrétien, épurer encore dans son œuvre certaines lignes de la beauté antique, dangereuse pour des âmes moins pures que la sienne, et dont son ineffable candeur lui voilait les imperfections ? Dieu seul le sait. Mais les choses parfaites ne sont que pour les parfaits, et la perfection est une fleur qui ne germe qu'au ciel. C'est là que notre poëte voit son rêve éternellement réalisé, où la poésie n'a d'accent, la musique n'a de son que pour louer et bénir l'Auteur de toute beauté.

J'invite tous ceux dont l'amour de la souveraine beauté fait battre le cœur, à lire les vers inspirés du poëte dans le recueil que la main de l'amitié en a formé. Quelque affaibli que soit l'écho écrit de sa parole, elle conserve encore le privilége qu'avait à un si haut degré toute sa personne, de charmer et d'attirer à lui les cœurs. Ses vers le font aimer comme le faisaient aimer son regard si plein de pureté, de tendresse et de majesté, son pâle et régulier visage, entouré de blonds cheveux bouclés, et ce je ne sais quoi d'angélique dont la vue faisait du bien.

Paul Reynier avait recueilli dans ses nombreux voyages des notes précieuses qui lui eussent servi de matériaux pour un charmant récit. Mais Dieu n'a pas cru nécessaire qu'il l'écrivît. L'affectueuse confiance de sa famille m'a permis de lire ces chères pages trop incomplètes pour une publication intégrale, mais dont plusieurs méritaient de voir le jour. J'ai été heureux le plus souvent que j'ai pu, de donner mon texte pour cadre à ces gracieux tableaux. Paul Reynier avait même commencé son récit, auquel il avait l'intention de donner la forme de lettres adressées à Mme la marquise de... Nous possédons la première de ces lettres, mais cette lettre elle-même est incomplète ; nous n'avons pu en retrouver la première page. Nous ne saurions trouver un plus précieux frontispice de notre œuvre. Nous aimons à penser que le lecteur, charmé par ces trop courtes pages de notre ami, nous sera reconnaissant de les avoir ravies à un complet oubli.

Notre poétique voyageur se présente à sa noble interlocutrice comme..... « le plus humble voyageur qui, les pieds sur ses chenets, pendant que sa main gracieuse lui présente le thé, ami des causeries, laisse aller sa parole au courant de sa pensée, et, suivant ou remontant les flots capricieux de ses réminiscences, la mène par lignes brisées sur la trace de ses pas. Pas d'ordre apparent et de symétrie géométrique, tant mieux. Est-ce qu'on décrit avec un compas la route qu'on suit dans ses excursions de touriste ? Laissez-vous conduire à droite et à gauche, interrompez le narrateur pour le surprendre à son tour au charme de votre voix, à la mélodie de votre piano ; revenez le prendre à l'imprévu, et, partant avec lui du premier point venu, recommencez vos détours et vos écarts. Faites cela quelque temps, avec cette mobile mais constante fidélité, et vous serez tout étonné un jour de vous être peu à peu assimilé ses impressions, c'est-à-dire la meilleure partie de sa science. Ce que l'étude n'aurait jamais pu faire, la conversation l'a fait : ces couleurs, dont l'esprit du voyageur s'était imprégné sous des cieux que vous n'avez pas vus, ont si bien déteint sur votre esprit qu'elles vous sont devenues familières, et comme acquises par une expérience semblable à la sienne.

« Pour résumer ce double rôle du livre et des conversations, je comparerai le premier au tableau d'histoire, dans lequel on groupe certains détails de ciel, de pays, de costumes, d'action, qui représentent à eux seuls toute une contrée, toute une nation, tout un grand fait. Je comparerai les conversations avec leurs récits par pages détachées, fugitifs, quittés et repris, à ces mille dessins qui chargent l'album du touriste et qui, parcourus l'un après l'autre, même sans suite et au hasard, donnent des lieux qu'il a visités un calque plus vivant et plus vrai qu'aucun tableau synthétique ne pourrait le faire.

« Ah ! la causerie, ce n'est pas la grave et sèche muse qui dit : « Prenez ce livre et « lisez, *Comedite librum.* » — Pardon, Madame, de ce latin parasite, mais n'oubliez pas que c'est une muse et la plus pédante de toutes qui parle. — « Dévorez « cette histoire romaine, et puis vous sau- « rez tout sur Rome ; cette histoire de « France, et puis vous saurez tout sur la « France. Je suis infaillible, parce que « j'ai nom Clio. » La causerie, c'est une amie vive, légère, enjouée, qui vous raconte sans affectation ce qu'elle a vu sans parti pris ; qui, si elle vante la végétation d'une vallée, en a une fleur dans la main ; si elle vous dépeint les parfums de la lande aromatique qu'elle a traversée, en a les pieds encore verts et odorants : ses doigts font jouer sous vos yeux le kaléidoscope où les mille facettes de ses souvenirs lumineux pétillent, voltigent, viennent, s'en vont et reviennent sans cesse. Vive donc la causerie !

« Où vous mènera la mienne, Madame la marquise, puisque je suis le voyageur heureux chargé d'être votre initiateur ? Nous pourrions gravir ensemble les pentes des grands monts nacrés de neiges, hérissées de l'écume pétrifiée des glaciers blancs et bleus, et suivre sous les flèches des sapins, sous les grands mélèzes, les buissons de noisetiers qui serpentent au penchant des abîmes ; nous pourrions nous risquer sur les glissants talus des versants à pic pour dérober à leurs pelouses les rubis épars de fraises sauvages ; puis, arrivés aux sites adoucis d'en bas, nous embarquer sur le bateau des lacs et en longer les rives, en suivre les tournants, en doubler les promontoires découpés. Descendrons-nous le

Rhin entre ses rangées de châteaux, et... ? Me voilà, Madame, lancé en pleine énumération, cette agréable figure de rhétorique qui fait si bien dans un livre. Mais, comme je ne fais pas un livre, je vous l'épargne, et c'est une nouvelle preuve en faveur de mon argumentation précédente.

« Il est donc convenu que nous visiterons des pays moins vulgaires et plus à la mode tout à la fois. C'est en Orient que nous allons.

« Ah ! l'Orient, cette partie du monde qui, se fâchant de n'être point connue, s'est mise à faire un tel bruit qu'elle a attiré tous les yeux sur elle ! l'Orient, qui sort du domaine des mille et une nuits pour entrer dans celui de l'histoire... pardon, je veux dire de la conversation ! l'Orient, qui... l'Orient que... l'Orient enfin...

« Parce que tous les libraires de Paris ont tenu à honneur d'avoir à leurs devantures des livres à titre oriental, parce que ceux qui font de la couleur locale par métier trempent maintenant leurs palettes d'indigo et de safran soi-disant oriental, parce que tous les journaux ont quotidiennement un en-tête d'article ainsi conçu : « Nouvelles d'Orient, » on croit connaître l'Orient en France. Cela rappelle l'homme de la fable antique qui s'imaginait qu'en achetant une bibliothèque, il acquerrait spontanément la science contenue dans tous ses volumes.

« Il serait bon et intéressant peut-être de nous y mettre enfin, de ne plus nous contenter de traditions usées ou de suppositions d'emprunt sur des pays devenus pour nous d'une importance telle, que chaque vibration de leur destinée retentit au cœur de la nôtre. Les personnes qui les ont habités, j'entends dans des conditions suffisantes de durée et de milieu d'existence, s'étonnent, en revenant parmi nous, des ignorances magistrales et des absurdités sereines qui prononcent sur ces questions et y ont force de loi ; les vérités qu'ils rapportent avec eux ne trouvent que des incrédules chez ce public accoutumé à d'autres idées toutes faites et enracinées profondément. Ceux qui ont vu et qui savent sont des diseurs d'étrangetés et ont contre eux les rieurs qui ne savent ni n'ont vu.

« Vous ne tombez pas dans ce travers, chère marquise, et vous seriez bien étonnée au contraire que dans un monde si *étranger* au nôtre jusqu'ici, tout ne fût pas *étrange* pour nous, *étrange* et *étranger* étant de vieux synonymes de mots qui sont restés des synonymes de pensées. Vous comprenez très-bien que poser des prémisses françaises et en tirer une conclusion turque, c'est faire un très-mauvais syllogisme, et qu'il n'y a pas d'inductions à établir entre des choses en apparence semblables, mais soumises à des influences si diverses. Vous voulez donc que je vienne tous les huit jours vous sucrer votre thé avec un peu d'Orient vrai.

« Comme vous devez vous être déjà aperçue que je suis un Turc assez européanisé, vous ne serez pas surprise que j'ouvre ici une parenthèse consacrée à l'éloge du thé. Je l'ai appelé ami des causeries, et si j'avais suivi l'impulsion de ma plume, j'aurais dit plus vivement, le thé *causeur*; mais j'ai craint qu'on ne me reprochât ce tout petit néologisme comme un idiotisme d'étranger; heureux tant d'auteurs qui, à l'abri de cette crainte, ont le droit de changer à leur gré la langue qu'ils sont censés bien connaître !... Je soutiens donc que le thé fait causer, et c'est en quoi il l'emporte sur son compétiteur le café, plus agréable au goût... Jugez du rôle e des effets de l'un et de l'autre. Voyez-vous sur ce divan large et bas ces hommes accroupis sur leurs jambes entrelacées, ou bien assis sur un de leurs pieds et laissant pendre l'autre avec mollesse? Les *kawadj* s'avancent vers eux gravement : l'un porte un plateau recouvert d'un petit tapis brodé d'or et où repose la cafetière de cuivre au long manche; les *fingenes* (petites tasses de porcelaine) et leurs soucoupes en forme de cocotiers de vermeil émaillé. Chaque *kawadji* prend une des tasses, la met dans son cocotier, et va vers chacun des hôtes, en commençant par les plus honorés, le salue par une inclinaison de la tête et lui offre son *fingent*, auquel il fait décrire avec grâce un arc de cercle de sa ceinture à la main de l'étranger. Celui-ci le reçoit de la main gauche, et de la droite fait au maître de la maison le salut de remercîment, qui consiste à courber légèrement ses doigts et à en effleurer en trois temps sa poitrine, ses lèvres et son front un peu latéralement : c'est le salut de la plus haute et de la plus respectueuse cérémonie; suivant la qualité des personnes chez qui l'on est, les deux derniers temps ou le dernier seul suffisent. Ce café — c'est le vrai Café — a été apporté de Moka par caravanes, et il n'a pas subi les aspersions d'eau salée qu'il reçoit par la voie ordinaire, dans les barques non pontées de la mer Rouge; il a été pilé et non moulu. (Je vous réserve pour tout à l'heure la description de cette opération qui offre un trait curieux). Enfin le liquide et le marc y sont mélangés, et si le frottement des Européens n'a pas altéré chez votre hôte le rit du pays, il est sans sucre : c'est du café, tout du café, rien que du café, chose inconnue en Europe. Vous devez le déguster lentement et le boire par très-petites gorgées, ou, pour mieux dire, goutte à goutte, et cela pour trois raisons : d'abord il est très-chaud ; ensuite la tasse, qui est grosse comme un œuf de pigeon, en contient fort peu, et troisièmement ainsi le veut la politesse. A mesure que quelqu'un a vidé son *fingent*, un *kawadji* s'avance vers lui, et la cérémonie du salut est à répéter en rendant la tasse; si l'on vous présente le plateau, vous devez y déposer séparément tasse et cocotier. Le café est toujours accompagné du *chibouk* ou du *chiché*, c'est-à-dire de la pipe ou du narguilé, qu'on reçoit et qu'on rend avec le même rit. Le *chiché* est plus habituel en Syrie, en Egypte le *chibouk* est plus en honneur; c'est, quand il est beau, une pipe longue de quatre à cinq pieds, au tuyau en bois de jasmin, avec un bouquin d'ambre qui vaut parfois de mille à quinze cents piastres. Ce qui se fait en grand, comme je vous l'ai dépeint, chez le bey ou le pacha, se fait en petit chez le peuple. Une fois le café pris, on parle d'affaires ; ce serait une inconvenance d'y toucher avant. On vous porte quelquefois plusieurs cafés comme plusieurs *chibouks*, et alors c'est signe qu'on veut vous retenir plus longtemps : c'est honneur ou amitié. Voilà pour ce que j'appellerai le café officiel. — Quant au café intime, dont on fait usage plusieurs fois par jour, il est accompagné toujours du même auxiliaire (le tabac) et a pour effet le kief.

« Le kief ! comment vous expliquer ce mot dans la langue qui ne sait pas même traduire le *far-niente* italien. C'est plus que le *far-niente* qui consiste à ne rien faire ; le kief consiste à jouir des délices du non-être. L'un dépouille l'âme de son activité, l'autre lui fait oublier même qu'elle est. A côté du kief, la *flânerie* est tout ce qu'il y a de plus occupé. La flânerie, c'est l'oisiveté qui ne peut pas se soumettre à être inoccupée et qui tire la pensée de tout et de rien. Le kief, c'est l'absence de toute pensée. Demandez à tout homme d'Orient, plongé dans les vapeurs du tabac et les émanations enivrantes du café : A quoi penses-tu ? tous feront la réponse que fit l'un d'eux ainsi interrogé : « Pas si bête de penser ! je fais *kief*. » Un cerveau oriental a cette propriété que son propriétaire peut, quand il veut, y faire le vide complet.

« Ainsi le café, dans son vrai pays, présenté gravement, gravement reçu, gravement dégusté, rendu gravement, ne mène qu'à deux choses graves : les affaires ou le kief; mais les peuples qui prennent du café ne causent pas.

« Même chez nous, où, grâce aux soins prévenants de l'épicier, tant d'éléments plus européens y sont introduits, plus le café prédomine, moins il y a de conversation; témoin, par exemple, Marseille et les enfants de la Cannebière, ces adorateurs du café par excellence, qui, avec tout leur esprit naturel, sont obligés de venir apprendre à Paris, la ville du thé, la différence qu'il y a entre parler et causer. Mais à peine le breuvage *causeur* a-t-il touché leurs lèvres (autrement qu'à l'état de remède où ils le prennent chez eux), le sens de la conversation leur est donné, et souvent avec plus d'éclat qu'aux autres. Pour civiliser l'Orient, faites-lui prendre du thé.

« Faites-le-lui prendre comme on le prend dans un salon parisien, rien que cela : c'est tout bonnement le bouleverser de fond en comble. La tasse de thé exige la main aimable qui vous l'offre, les jolis doigts qui en parfument le sucre plus que le sucre ne parfume sa liqueur, tous ces charmants riens avec lesquels on la propose et on la reçoit, que l'on échange en souriant, pendant qu'on se mesure l'un à l'autre le soupçon de lait dont on veut qu'elle soit blanchie. Je ne sais quel parfum s'exhale qui n'a pas, comme l'action du café, le double inconvénient de trop exciter d'abord et de plonger ensuite dans l'atonie. Les vapeurs de la tabagie n'ont pas le droit de s'y mêler, ou du moins, si le relâchement des mœurs de salon y introduit quelque licence, elle se borne à permettre la légère *cigarette*, qu'on fait plutôt pour la faire que pour la fumer. Je comprends que les poëtes aiment pour s'inspirer cette boisson *qui manquait à Virgile et qu'adorait Voltaire*. Prenez-la pour vous échauffer avant d'écrire ; mais prenez du thé pour vous animer doucement avant de causer.

« Vous voyez, Madame, que j'abuse un peu de nos conventions de libre conversation, et que je me livre à tous les écarts qui me viennent ; mais vous remarquerez du moins qu'en passant, je vous ai déjà touché un détail de mœurs orientales et qui n'est pas, je vous assure, le moins important. Ainsi, croyez-moi, arriveront à l'imprévu, dans nos entretiens futurs et plus spécialement orientaux, mille choses que nous n'aurons pas cherchées et qui se présenteront d'elles-mêmes. Laissons courir les pressés. *Empchi gonddam yakoul debban, Celui qui marche devant avale les mouches*, dit un proverbe arabe qu'avec un peu de bonne volonté parisienne on pourrait traduire : Les pressés sont des gobe-mouches. Nous converserons donc à l'avenant. Tantôt je vous raconterai une histoire, tantôt je vous dépeindrai un site. Le souvenir qui me viendra, je vous le donnerai ; et les lacunes laissées dans le tissu de mes réminiscences, les impressions nouvelles d'un prochain voyage les combleront. Car je ne suis Turc que par droit de voyage, et non par droit de naissance. Vous n'aurez pas à vous effaroucher, quand je viendrai chez vous, ni de ma longue robe de *katteb*, ni de mon turban, ni de mon *tarbouch*, ni de ma blanche *takhié* que je découvre en me décoiffant sur l'occiput de ma tête rasée. Je sais prendre et quitter ces ajustements. Je ne me croirais pas obligé de venir chez vous avec des babouches pour les quitter à votre seuil, et de croiser mes jambes sur vos tapis au lieu de m'asseoir sur vos fauteuils moelleux. Né entre la Manche et la Méditerranée, je suis, vous le voyez, un Oriental des plus occidentaux; mais transplanté de bonne heure sur les bords du Nil, en venant et y retournant tour à tour, je suis aussi, vous en conviendrez, un Occidental des plus orientaux.

« Cela me permettra de changer de ton, et tout en employant le plus ordinairement celui de la langue dans laquelle nous nous entretenons, d'emprunter quelquefois celui des pays dont nous parlerons. Vous voudrez savoir sans doute avant tout ce que signifie ce nom sous lequel je me présente d'*Abou-Maktoub*. Cela veut dire : *Père de la lettre,* et c'est pour moi une occasion de désigner à votre attention cette formule, très-usitée chez les Orientaux pour désigner la personne qui fait habituellement une chose ou qui possède une qualité à un degré élevé. Ainsi l'homme qui a laissé pousser toute sa barbe, et chez qui elle est d'une exubérance remarquable, est appelé le *Père de la barbe*. Ainsi vous seriez appelée, charmante lectrice, la mère de la *grâce* et de la *beauté*.

« Abou-Maktoub. »

SOUVENIRS D'ORIENT

LES

ÉCHELLES DU LEVANT

CHAPITRE PREMIER

De Marseille à Malte.

Qui parmi nous n'a pas un jour rêvé d'un voyage en Orient? qui n'a pas désiré fouler cette terre antique, si belle et si triste à voir? On ne songe pas à elle sans émotion, et il faut renoncer à décrire le sentiment qui étreint l'âme au sortir du port de Marseille. J'en appelle au souvenir de ceux qui, comme moi, goûtèrent cette joie. Oserai-je l'avouer? je quittai presque gaiement ceux qui, tout en larmes, croyaient m'embrasser pour la dernière fois.

Quel splendide péristyle de l'Orient que la côte de Provence! que ce ciel est bleu! que cette mer est transparente! « C'est déjà la Grèce, » a dit M. Ampère, et jamais mot ne fut plus vrai et plus vengeur! l'illustre académicien a vu la beauté si longtemps méconnue du plus beau joyau de la couronne de France, et Paul Reynier l'a chantée en vers dignes d'elle :

Ce n'est qu'un sol pierreux, d'une ingrate culture,
Mais l'onde l'environne, éclatante ceinture.
Nos aïeux d'Ionie, en leur climat si doux,
Du charme de ces lieux eussent été jaloux.
Ces îlots découpant leurs crêtes dentelées
Sous le saphir uni des liquides vallées,
Ces côtes repliant leurs bras hospitaliers.
. . . .
. . . .
Ce soleil éclatant, ce ciel bleu : tout rappelle
L'ionique berceau, la Grèce maternelle.
. . . . (1)

Tout est antique sur ce sol privilégié; les exilés de Phocée ne connurent pas un autre ciel, une autre mer, d'autres lignes de montagnes. Ils ont passé, sans laisser d'autre souvenir que cette poésie de l'air, que le transparent azur des horizons. Peut-être apportèrent-ils eux-mêmes à la vieille Gaule ce riche trésor de l'Orient? Les

(1) Paul Reynier, *St Henry*. (Poésies.)

fils des Phocéens pourraient-ils désirer davantage et trop regretter de n'avoir aucun monument bâti par leurs pères, qui crurent ce souvenir plus beau que les temples, les arcs et les portiques? Marseille n'a en effet conservé aucune autre trace du passage de ses fondateurs. Mais qui songerait à se plaindre, après avoir savouré l'atmosphère parfumée de ses *pinèdes* et de ses caps? Tout n'est-il pas antique en Provence, depuis son nom jusqu'aux mœurs de ses habitants, dont le catholicisme le plus fervent et le plus pur a rehaussé, bien loin de les effacer, la force et l'énergie?

Il y a dans le spectacle des restes d'un autre âge, partout où on le rencontre, un attrait singulier,et ceux-là me comprendront surtout que le charme des choses passées attire vers l'Orient. Le voyage ne leur réserve que des fatigues, mais jamais de désillusion. L'antiquité et la terre brûlante qui en est le tombeau, ne livrent leurs secrets qu'aux âmes éprises pour elles d'un amour ardent comme le soleil qui dore perpétuellement les sublimes dépouilles du temps. A ceux dont le cœur ne conçoit plus l'enthousiasme, je dirai: N'affrontez pas les agonies d'une longue navigation qui ne doit vous montrer que des rochers stériles et nus, que des déserts de feu et des hommes qui, trop souvent, n'inspirent au voyageur qu'horreur et dégoût. Mais au véritable amant de l'antiquité et de la lumière, que d'émotions, que de surprises, que de sources de profondes méditations réserve le sol de l'Orient! Rien ne lui est indifférent : les tristesses du temps présent, la boue et la poussière qui couvrent les ruines du temps passé ne sont, par leur contraste avec une splendeur éclipsée, qu'un charme de plus : c'est la leçon éternelle de Dieu gravée sur les œuvres humaines. Les plus grandes ruines semblent un mépris que se jette à lui-même le génie de l'homme. Les fondateurs des plus splendides monuments n'en ont pas vu le faîte; des milliers de générations sont venues pleurer ou sourire sous ces portiques dorés par le soleil, et toutes ces générations ont passé ne laissant pas même l'empreinte de leurs pas. Le temps, de son souffle dévorant, dissoudra les ruines quand elles auront assez longtemps montré à l'homme sa propre fragilité et celle de ses œuvres. C'est bien moins la beauté artistique de ces pierres, de ces débris, qui nous attire, que cette sorte de vertige que donne la vue de toutes les profondeurs, de celles du temps comme de celles de l'espace; c'est l'attrait de l'infini, par sa lutte contre notre égoïsme d'un jour, soufflant à l'âme la plus grande de ses émotions.

Tous les ossements d'un vieux monde qui, lui aussi, eut ses amours, ses gloires, ses passions, sont jetés en Orient sous le plus beau ciel de la terre, au milieu d'une nature pleine de sourires, sur les rives de cette mer céleste, que Dieu a placée là comme un miroir de ses œuvres.

Bien des êtres souffrants ont foulé ce sol antique. Leurs larmes se sont taries : pourquoi les nôtres ne se tariraient-elles pas aussi, comme celles-là, dans l'infini qui seul est consolateur, parce qu'il est le seul besoin ? Rien n'est beau que par son reflet divin, et c'est une pensée de Dieu qui, sur la pierre brisée par le temps et perdue dans le désert, nous émeut encore à son approche.

Le 26 octobre 1854, le vieux paquebot le *Lycurgue* partait pour l'Égypte, la Syrie et l'Asie Mineure. J'étais médecin sanitaire du bord. Les îles de la rade marseillaise, les côtes provençales passèrent et disparurent successivement à nos yeux. Le sanctuaire vénéré de Notre-Dame de la Garde, comme une sentinelle avancée de la France, fut le dernier point qui disparut à l'horizon ; c'est aussi le premier qu'on aperçoit au retour. Le voyageur reçoit ainsi de Marie elle-même le dernier adieu de la France, et ces deux noms bénis restent unis dans le même souvenir.

Une nombreuse et brillante société était réunie à bord du *Lycurgue* : à la table des premières, présidée par le regrettable commandant de Faucon, étaient assises toutes les célébrités françaises de l'Egypte. C'était d'abord M. Ferdinand de Lesseps, qui allait fonder son œuvre immortelle ; Clot-Bey, le restaurateur des sciences en Egypte ; le général Gallice-Bey, et Soliman-Pacha, l'infortuné français qui préféra la célébrité à sa patrie et à son Dieu ; le général Ventura, illustration indienne. La science modeste et profonde était représentée dans cet aréopage par M. Perrotet, directeur du Jardin botanique de Pondichéry. M. Brierre, commissaire des postes, égayait la brave assemblée de son esprit gaulois et de sa grâce parisienne. Un jeune archéologue américain, M. Green, qu'une récente mort vient d'enlever aux lettres, et Paul Reynier complétaient cette remarquable réunion. Ce n'est jamais sans émotion que je prononce ce dernier nom, cher à la jeunesse catholique; et peut-être n'eussé-je pas entrepris ce récit, s'il n'avait pas dû me fournir l'occasion de parler encore du charmant poëte, de l'ami à qui son touchant biographe, M. l'abbé Bayle (1), a appliqué ces paroles de S. Jérôme parlant de Népotien:

« *Illum nostra pagella decantet; illum nostræ litteræ sonent. Quem corpore non valemus, recordatione teneamus, et cum loqui non possumus, de eo loqui nunquam desinamus* (2). »

C'était la première fois que je voyais la pleine mer: la contemplation de ce grand spectacle, à mesure qu'elle élève l'âme, la rend attentive aux détails les plus fugitifs; devant l'immensité solitaire, les plus légers accidents de la nature empruntent quelque chose de la grandeur de la scène générale. C'est tantôt un petit oiseau égaré dans ce désert, qui vient reposer ses ailes fatiguées sur l'extrémité d'un mât; tantôt c'est un poisson volant qui s'élance effrayé au-dessus

(1) *Poésies de Paul Reynier*, avec une Notice biographique par l'abbé Bayle. Paris, chez A. Bray, 66, rue des Saints-Pères.

(2) Que nos plumes chantent ses louanges; ne pouvant plus l'avoir parmi nous, conservons-le dans notre souvenir, et ne pouvant plus nous entretenir avec lui, ne cessons jamais de parler de lui.

des eaux pour fuir un ennemi vorace. Mille brillantes paillettes apparaissent dans le sillon d'écume du navire. Quelquefois la vue lointaine de la terre devient une vraie bonne fortune, et c'est avec joie que l'on salue ses rives fortunées. Nous vîmes ainsi les côtes de la Corse, celles de Sardaigne, les bouches de Bonifacio, les côtes de Sicile.

Quel que soit pour lui le charme poétique de la navigation, le marin ne voit jamais le rivage sans émotion; l'airain de son cœur s'amollit sans doute au souffle parfumé de la brise de terre.

Rien n'est beau comme un coucher de soleil derrière les montagnes de la Sardaigne. L'île de Tavalaro se détachait au premier plan, telle qu'une masse noire sur des brouillards roses et violets, et les mille dents des montagnes lointaines, à demi voilées par une douce pénombre, étaient bordées d'un filet d'or qui s'étendait à l'infini. Une brise légère ridait la surface de l'eau, et nous courions grand largue, toutes voiles dessus, quand nous aperçûmes les côtes fertiles de la Sicile. Ici est Marsala, dont les blanches maisons brillent au soleil comme des diamants enchâssés dans un tapis d'émeraude; là Trapani, enveloppée dans l'azur du ciel et de la mer et brillant de reflets violets. Maritimo, aux roches escarpées, supporte sur une de ses pointes une prison d'Etat. Mais les dernières terres de la Sicile disparurent bientôt à nos yeux dans le crépuscule.

Au lever du jour nous aperçûmes les caps maltais, et bientôt nous entrions dans le port de la Quarantaine.

CHAPITRE II

Malte.

« La Cité-Valette découpait mollement sa silhouette estompée de vapeur sur un fond d'azur délicat, irisé des teintes changeantes de l'opale. Tout dormait : les vaisseaux sur leurs ancres immobiles, les flots assoupis dans le port, les maisons abaissant, comme des paupières sur leurs yeux, leurs longues jalousies vertes et leurs courtines de soie, qu'aucun souffle n'agitait. » (Louis Enault, *la Terre sainte*, p. 13.)

Le *Lycurgue* eut à peine le temps de se placer et de jeter l'ancre, que le canon du fort annonça le réveil de la belle dormeuse, et des barques, rappelant les galères antiques par leur forme gracieuse, eurent bientôt entouré le navire.

Le premier aspect de Malte étonne le voyageur, j'allais dire l'Européen : car on se croirait déjà en Asie, dont cette île arabe forme comme une sorte de péristyle. Rien n'est bizarre et gracieux à la fois comme ces maisons blanches à terrasses et à balcons de bois extérieurs. Les rues d'une propreté tout anglaise, rapides comme des échelles, et étroites à ce point que d'une fenêtre à l'autre les habitants font de longues causeries; les linges aux mille couleurs flottant sur des cordes tendues, et surtout les femmes maltaises passant comme des fantômes noirs le long des murs éclatants de blancheur : tout, jusqu'à la proverbiale roideur de ses maîtres disgracieux, contribue à donner à la Cité-Valette une physionomie fantastique. Les Maltaises se drapent dans leur mante noire avec une fierté arabe tempérée par la grâce italienne. Si l'on y voit beaucoup de Maltaises, on y voit peu de Maltais, ou du moins ils sont tellement effacés qu'on les distingue à peine.

Rien n'est beau comme le panorama qui se déroule du haut de la citadelle aux yeux du spectateur : les ports vastes et profondément avancés dans les terres semblent creusés par la main de l'homme, ou du moins par celle de la nature tout exprès pour lui ; ici de coquettes maisons blanches, là de sombres rochers se penchent sur les eaux, où se reflètent des milliers de voiles; les bassins semblent solitaires, tant ils sont grands.

Ce qu'il y a de plus curieux à voir à Malte, c'est sa physionomie, sa couleur. On visite encore avec grand intérêt la salle des armures des anciens chevaliers.

Il faut voir plusieurs fois la cathédrale de Malte pour en apprécier les beautés. Le Calabrèse a peint sur la voûte la vie de S. Jean, patron de l'église ; les piliers sont dorés et supportent de très-belles tapisseries, illustrant des scènes de l'Evangile ; le pavé, entièrement formé de mosaïques aux couleurs éclatantes en marbre découpé, représente les armes des chevaliers de Malte. L'ensemble est d'un goût douteux à l'œil habitué aux ombres grises des églises gothiques. La grandeur majestueuse du monument ne tarde pourtant pas à se révéler à un regard attentif et libre de préventions; des deux côtés de la nef s'ouvrent huit chapelles, pour chacune des huit langues ou nations de l'ordre.

Le tombeau du duc de Beaujolais, dans la chapelle gauche du transsept, avec la statue dont il forme le piédestal, est une des plus belles œuvres de Pradier, dont le talent n'a pas suivi toujours une inspiration aussi pure.

Derrière l'autel de la Ste Vierge on admire

un des plus beau tableaux du Caravage : la *Décollation de S. Jean*. Grandeur et sublimité de la ligne, sombre énergie de la couleur, profond sentiment chrétien : rien ne manque à ce magnifique monument de l'art chrétien.

Je passai à Malte le jour de la Toussaint : la ville avait cet aspect de fête si remarquable au milieu des populations catholiques, qui s'associent aux joies de leur mère l'Eglise. Mais la piété des Méridionaux n'est pas celle des hommes du Nord, et la vive et expansive humeur des Maltais ou des Italiens fait un étrange contraste avec les visages et les tournures maussades des Anglais. Gai comme son soleil, l'homme du Midi se réjouit plus qu'il ne pleure, et, pour sentir différemment que l'homme du Nord, il n'en prie pas avec moins de ferveur que celui-ci ; le public dans les églises n'a pas, il est vrai, cet aspect de recueillement si touchant dans nos temples septentrionaux, mais avec des allures différentes le catholique est en ce monde le seul homme qui sache prier.

La *faldetta*, espèce de voile de soie noire que les Maltaises portent de travers, donne par sa couleur uniforme un aspect de monotonie à leur réunion dans l'église de Saint-Jean. Mais cette impression est bien rachetée par le contraste plein d'enseignement que présente la simplicité de costume des fidèles avec la splendeur de l'édifice divin.

J'ai eu l'occasion d'assister à Malte à une procession, et de voir ses bannières multicolores déployées dans les rues en pente. C'était un ravissant spectacle que celui des balcons et des fenêtres émaillés de ces mille têtes brunes et blondes. La poésie britannique à côté de la vigueur méridionale était une source de charmant contraste. Malte ressemblait à un bouquet formé des plus brillantes et des plus diverses fleurs.

J'avais une lettre pour le chef d'une honorable famille maltaise, qui me reçut avec cet empressement amical familier aux Méridionaux. Le docteur Galea, qui m'appela son très-cher ami dès ma première visite, me fit visiter l'hôpital civil dont il est un des médecins. Je fus charmé de la propreté et de la bonne installation de cet hospice.

Nous fîmes ensuite une petite promenade dans l'île, dont le sol sec et aride rappelle certains points de notre Provence ; le terrain est retenu le long des pentes par de petits murs de pierres sèches, qui donnent à l'île de Malte l'aspect d'une série d'escaliers de géants ; du fond des vallons on ne voit que les pierres des murs ;

du haut des collines les petits murs disparaissent, et on n'aperçoit plus que les fèves au feuillage foncé, que le blé ou le millet. L'aspect de l'île est ainsi tout différent, suivant qu'on la regarde de bas en haut ou de haut en bas. On me fit remarquer en rentrant deux niches préparées de chaque côté de la porte pour les statues de la Valette et de l'Isle-Adam, que le gouverneur de Malte jugeait convenable de remplacer par celles de la reine Victoria et du prince époux.

Comment passer à Malte sans visiter l'île de Gozzo, l'ancienne Ogygie? Le docteur Galea me fit l'offre gracieuse d'y être mon guide; ce que j'acceptai avec empressement. Une calèche à deux chevaux nous emporta un beau matin sur les routes poudreuses de l'île, où je ne vis pas un seul arbre. « Les insulaires, me dit mon aimable compagnon, ne veulent pas laisser croître ici les arbres, sous prétexte qu'ils absorberaient les sucs de la terre et toute son humidité, et la rendraient improductive. » Je laisse à de plus savants agronomes que moi le soin d'apprécier cette opinion populaire.

L'intérieur de l'île ne présente de remarquable que cette absence d'arbres, de fruits et de broussailles, qui lui donne un aspect de triste nudité. Nous traversâmes de forts jolis villages, nous visitâmes une fort belle église en construction. Ce monument s'élève aux frais des paroissiens, qui consacrent la journée du dimanche au pieux travail de l'édification de leur église.

On remarque sur la route des sillons profonds tracés dans le rocher par des roues de chariots : on m'a affirmé que ces traces s'observent jusqu'à un point du rivage où elles sont brusquement interrompues par la falaise même et la mer. Le cataclysme géologique qui a donné passage au bras de mer qui sépare Malte de l'Afrique, serait-il postérieur à l'apparition de l'homme sur cette terre? c'est difficile à croire; toujours est-il que l'idiome maltais paraît identique à la langue parlée par les Arabes de Tunis. Quelques heures, par un vent favorable, suffisent aux barques du pays pour aller de Malte en Afrique : les rapports sont constants entre ces deux pays. Tout prouve d'ailleurs l'origine arabe de la race maltaise.

Six vigoureux rameurs nous firent franchir le petit bras de mer qui sépare Malte de Gozzo, en passant devant Comino. En attendant le *Calesso*, horrible boîte montée sur deux roues et traînée par un cheval séculaire, qui devait nous porter, nous admirâmes le gracieux panorama qu'offre l'île de Malte vue de Gozzo. Des arceaux en ruine, un caroubier aux formes hardies et la route de Rabbat formaient le premier plan d'un lumineux tableau rempli par le bras de mer, qui semble entourer avec amour l'île de Comino, où S. Paul débarqua, dit-on, en venant à Rome, et où l'on montre encore une grotte qui porte son nom..Les collines maltaises jetaient au dernier plan, dans les eaux bleues du petit détroit, de larges reflets scintillants.

Mais le *Calesso* vint nous tirer de notre contemplation, et nous nous dirigeâmes vers la tour des Géants. C'est une construction véritablement gigantesque, à laquelle on ne peut assigner aucune origine précise. Les archéologues croient se tirer d'embarras en attribuant cette singulière tour aux cyclopes. D'énormes blocs calcaires tirés d'une carrière située à l'autre extrémité de l'île, superposés sans ciment, décrivent neuf circonférences parfaitement reconnaissables encore. La tour principale, qui forme l'ensemble de la construction, peut être subdivisée en neuf autres petits tours, dont quatre d'un côté et cinq de l'autre. Deux de ces subdivisions intérieures portent deux grandes pierres droites et allongées, où l'on observe encore la rainure qui devait recevoir la porte. Dans la dalle du sol est creusé un trou, où s'enfonçait peut-être une barre de fer destinée à clore le temple ou la forteresse.

En quittant la tour des Géants, nous nous dirigeâmes vers Rabbat, la ville principale de l'île de Gozzo. Pittoresquement entouré de ses remparts, Rabbat, bâti sur une des hauteurs de l'île, domine une fort belle plaine peu ombragée, mais très-riante. Nous arrivâmes à Rabbat à midi, par une chaleur imsupportable.

Pendant que l'unique aubergiste de la cité nous préparait notre déjeuner, nous allâmes visiter la ville, dont le tour fut bientôt fait. Mais nous nous arrêtâmes souvent devant les portes entr'ouvertes pour voir les belles Gozzitaines fabriquer ces guipures noires si recherchées, que l'on vend à Malte. Le type gozzitain est plus accentué encore que celui des Maltais. Le D. Galea s'effrayait beaucoup de mon indiscrétion : j'entrais dans toutes les maisons et je voulais tout voir, sous prétexte de rechercher des guipures. Mon aimable compagnon me servait d'interprète : car on ne parle que le maltais à Gozzo. L'italien y est complétement inconnu.

Après notre frugal déjeuner, arrosé de marsalla, nous allâmes visiter la grotte de Calypso.

Sur une charrette à deux roues, un simple

matelas de paille était le seul ressort qui nous adoucît la rudesse des secousses ; notre carriole ne tarda pas à atteindre l'extrême limite de la route prétendue carrossable. Après une demi-heure de marche, nous arrivâmes à la grotte.

Autrefois creusée sur le flanc d'une falaise et tout au bord de la mer, la fameuse grotte est actuellement très-difficile à trouver. La falaise s'est affaissée sur elle-même, et c'est à travers les crevasses d'un terrain argileux et calcaire qu'il faut pénétrer jusqu'à la demeure de l'amante d'Ulysse. Un seul de mes compagnons osa me suivre.

Une vieille femme, une lampe à la main, nous montra les parois hérissées de stalactites de cette antique demeure des nymphes. L'Olympe antique n'avait en vérité aucune notion de l'hygiène ou du confortable ; mais peut-être Calypso était-elle la divinité des rhumatismes.

Nous cherchâmes en vain les êtres charmants et tentateurs qui embellissaient ce séjour. Nymphes et déesses, tout avait disparu ; les voûtes sombres ne retentissaient plus de la voix d'Ulysse ou de Télémaque. La carcasse d'une chèvre perdue ou de quelque bête fauve était tout ce qui retraçait le passage de la nature animée. O poëtes, quelle est votre puissance !

votre lyre, comme la baguette des fées, sait changer en onde cristalline le sable du désert, en douces mélodies le cri de la chauve-souris, le bruissement lugubre de ses ailes noires !

Nous fûmes heureux en sortant de la sombre caverne de retrouver le soleil, qui déjà s'inclinait fortement vers l'horizon : la nuit nous surprit en route.

L'île de Gozzo, beaucoup plus petite que Malte, a pourtant quinze mille habitants. Les sources y sont plus abondantes et plus nombreuses, l'île est en général plus fertile. Toujours même absence d'arbres : il paraît pourtant que l'île n'en manquait pas autrefois ; mais aujourd'hui Gozzo, comme Malte, est sillonné de ravins à sec. Ce sont probablement d'anciens lits de rivières, que les bouleversements du sol ont desséchés.

Le petit port de Gozzo est une caranque naturelle, au-dessus de laquelle s'élève le fort de Chambrai ; nous regrettâmes vivement que l'heure avancée du jour ne nous permît pas de visiter cette forteresse très-bien conservée et pleine du souvenir de l'héroïque Français qui en dota l'ordre de Malte.

Nous traversâmes de nuit le bras de mer qui sépare les deux îles, et nous eûmes le regret de passer devant l'île de Comino sans y aller vénérer le souvenir de S. Paul et prier le grand Apôtre dans la grotte sanctifiée, dit-on, par sa présence.

Nous mîmes trois heures pour traverser l'île de Malte.

CHAPITRE III

En mer.

Nous sortîmes le lendemain du port de Malte par un temps très-mauvais; la mer était houleuse, et notre *Lycurgue* n'avançait que bien lentement entre les flots et les vents contraires.

Je fus réveillé durant la nuit par un roulis épouvantable : mes livres, mes flacons à médicaments, ma vaisselle de toilette roulaient dans ma cabine, et je faillis moi-même être précipité au milieu de tous mes ustensiles de ménage brisés. Je fus tenté d'aller contempler sur le pont le sublime spectacle d'une tempête nocturne. Je fus jeté avec violence contre les bordages dès mon premier pas. J'étais presque de l'avis du poëte, et peut-être eussé-je préféré admirer ce grand spectacle du haut d'un rocher que de notre pauvre planche mobile. Le lendemain matin, le jour me donna du cœur; le vent était toujours d'une violence extrême. Les vagues s'élevaient comme des collines au-dessus du navire, qu'elles ne respectaient pas toujours. Je ne contemplais pas sans frayeur ce spectacle si nouveau pour moi. Je finis pourtant par trouver un charme infini à admirer ces masses d'eau qui se roulaient folles et menaçantes autour de notre navire, qu'elles se jetaient comme un jouet. Le vent souffla de plus en plus, et le sifflement des cordages donnait à cette scène quelque chose de fantastique, que le capitaine jugea à propos de faire cesser en virant de bord. Nous retournâmes à Malte, en relâche.

Le lendemain, le vent s'était apaisé, et nous pûmes reprendre la mer. Nous eûmes un temps magnifique; nos soirées nous montrèrent de ces spectacles comme le navigateur seul peut les connaître. La lune, à son avant-dernier quartier, argentait la mer de ses rayons vacillants. Aucun souvenir ne nous restait de la tempête, le navire laissait sur la plaine une longue traînée blanche. Ce spectacle, toujours le même et pourtant constamment varié, captive l'âme par cet attrait irrésistible de l'infini auquel on ne résiste pas.

Rien n'est charmant comme une soirée maritime par un beau temps. La rapidité des communications ne permet plus sur les chemins de fer de nouer ces relations aussi aimables qu'éphémères qui faisaient un des grands charmes des voyages d'autrefois : sur mer rien n'est changé, et bien des amitiés durables se sont formées dans ces prisons flottantes, qui forment des familles factices, qu'un commun danger unit, et qui souvent se séparent avec regret. Les hommes d'ailleurs que la froideur conventionnelle du monde gêne et fatigue, sont heureux de se montrer sans fard au milieu d'une société étrangère, que le hasard a réunie, et qui doit ne conserver aucune trace de leur présence. C'est là le secret de ces intimités de voyage qui se dissolvent aussi rapidement qu'elles naissent : on se surprend à laisser tomber devant un inconnu tous les voiles de son cœur, que l'on a peut-être toujours gardés pour ses amis ; mais l'ami reste, et le voyageur passe et oublie. L'homme est naturellement expansif : son instinct lui fait éprouver le besoin d'un appui pour sa faiblesse, d'un écho pour la voix de son âme, et cette contrainte que lui impose souvent une société malveillante est pour lui un dur supplice. N'est-ce pas là une preuve que les hommes sont meilleurs en général qu'ils ne paraissent? Douces intimités, que dissipe souvent l'arrivée au port, que ne durez-vous toujours! Vous passez comme les villes, les riants côteaux, les spectacles sublimes qui charment la route. Image du temps, le navire marche, et tout s'enfuit à l'horizon comme un rêve lointain. Mais du moins, la nature reste toujours belle, et ses aspects seulement changent : tel le besoin d'aimer demeure au cœur de l'homme. Comme autant de fleurs, les affections qu'il rencontre sur le chemin de la vie se succèdent sans s'effacer, et se parfument des senteurs du divin amour, que les amitiés de la terre reflètent ou font pressentir. Quelle délicieuse chose que cette recherche et cette rencontre des âmes sur la terre! Comme elles nous aident à attendre le moment de l'éternel amour! Qui ne connaît ce mystérieux attrait qui rapproche soudain deux amis inconnus! Quel sens triste et profond n'a pas ce mot charmant de *sympathie*, tout incomplet qu'il soit : si la souffrance rapproche les cœurs sur la terre, c'est pour les unir dans la joie du ciel, où ce mot n'aura plus de sens!

Oublierai-je parmi ces belles soirées celles où Paul Reynier et moi, appuyés sur le bastingage du *Lycurgue*, nous aimions à laisser errer notre vue sur cet Océan, image si vraie du cœur de l'homme! Quelles délices ne trouvions-nous pas à nous dire librement toutes les folles pensées de nos jeunes imaginations! Qu'elles furent douces ces heures trop rapides de confidences et de rêveries à deux. Comme une harpe éolienne, vibrant sous la brise marine, son âme récitait et chantait en vers, comme si une voix céleste la remplissait : il chantait et j'écoutais; lequel des deux est le plus doux, d'être la note ou l'écho? Celui-ci a-t-il jamais interrompu la note sa mère? le pourrait-il?

Nous faisions partie, Paul Reynier et moi, dans notre enfance, de la nombreuse clientèle de l'Œuvre de la Jeunesse de Marseille; mais nous nous étions perdus de vue plus tard. En 1854, je le retrouvai dans un salon de Paris. Sa tendre et poétique physionomie fit sur moi l'impression qu'elle faisait sur tous ceux qui l'approchaient : je fus attiré à lui. On l'entourait, et lorsque, après s'être fait un peu prié, il commençait à réciter, avec le charme inexprimable de sa voix mélodieuse, ces suaves poésies que nous sommes si heureux de pouvoir lire encore, on eût dit une apparition céleste. On l'aimait, et je l'aimai moi-même d'autant plus rapidement qu'il semblait devoir plus tôt quitter la terre. On voyait dans ses yeux ce rayonnement du cœur que lui donnait sa piété extraordinaire pour la Mère de toute pureté. Il avait fait de *Marie Immaculée* l'exclusive pensée de sa vie, l'idéal de tous les rêves de son cœur; il avait voué à ce pur amour toutes les inspirations de son ardente nature. Comment sa divine protectrice n'aurait-elle pas entendu la voix si tendre qui lui adressait cette brûlante prière?

Vierge qui nous rends l'espérance,
Mère qui calmes nos douleurs,
Protectrice de l'innocence,
Refuge assuré des pécheurs,
Vois : comme un oiseau solitaire,
Ma jeune âme parcourt la terre,
Craintive et n'osant s'y poser.
Oh ! tends-lui tes mains maternelles,
Pour que ses virginales ailes
Puissent enfin se reposer.

A cette époque, je ne vis pas aussi souvent le jeune poëte que je l'eusse désiré. Il menait une vie d'étude fort retirée, et il se tenait en garde contre les relations de jeunes gens.

Paul Reynier accompagnait Clot-Bey en Egypte, comme secrétaire particulier; c'est à cette heureuse circonstance que j'eus le bonheur de le retrouver à bord du *Lycurgue*. Tous les instants que me laissaient mes fonctions, j'allais les passer auprès du poëte, que le mal de mer faisait beaucoup souffrir. Il venait à peine de quitter la vue de la terre de France, en attachant un long regard de prière sur Notre-Dame de la Garde, qu'il fut obligé de se réfugier dans sa couchette, d'où il ne sortit plus jusqu'à Malte. Nous cherchâmes d'abord à nous consoler réciproquement de notre récente séparation de nos familles. Ce sentiment commun nous eut bientôt unis et liés intimement.

La tempête fit sortir pour la première fois mon ami de sa cabine. « Malgré mon mal de « cœur, » dit-il dans ces notes de voyage dont j'ai parlé, « je veux jeter un coup d'œil sur la « tempête; je mets sur le pont un pied chance- « lant : j'aperçois une mer noire, creusée de « grands trous mouvants, où nous tombons et « retombons avec mille secousses qui me ramè- « nent bien vite à ma couchette ; j'avoue que « j'ai fini par ne pouvoir plus me défendre d'une « certaine peur; je m'adresse avec confiance à « la Ste Vierge. » Cet aveu, d'une faiblesse bien excusable pour un œil qui n'avait jamais vu de tempêtes, est surtout touchant pour moi, qui me souviens encore de la contemplation calme dans laquelle ce grand spectacle de la nature avait jeté P. Reynier, peu sensible à la terreur vulgaire de la plupart des passagers.

Celui des passagers du *Lycurgue* qui attira surtout son attention, fut M. de Lesseps, dont il fait dans son manuscrit un portrait que la crainte de blesser une haute modestie ne me permet pas de reproduire. A la suite, Paul ajoute, avec une humilité et une grâce charmantes, ces mots qui font si bien connaître son âme aimante :

« C'est enfin un grand personnage à tous « égards, placé fort loin de moi : eh bien ! en « dépit de la différence d'âge et de l'immense « intervalle social, je me suis senti pour lui, « quand j'ai eu occasion de le voir, un de ces « attraits puissants et inexplicables auxquels « je suis quelquefois sujet. La même chose m'é- « tait arrivée à Rome pour un jeune vicomte « belge, M. de Biolles, que nous y avions ren- « contré en voyage : âgé au moins de dix ans « plus que moi, marié, immensément riche, « ayant l'apparence froide des gens de sa nation, « il ne semblait pas fait pour servir de but à mes « amitiés de dix-neuf ans. Je l'aimai pourtant et « beaucoup ; il se doutait de mon attachement

..

« et me le rendait un peu, mais il n'en soupçon-
« nait pas la vivacité. Je me flattais de l'espoir de
« le revoir en Belgique; j'y suis allé cette année
« avec Clot-Bey, je n'y ai plus trouvé que son sou-
« venir. Il est mort sans avoir su la trace qu'il
« avait laissée dans mon âme; du moins il doit
« m'entendre à cette heure, quand je prie pour
« les morts que j'aime, et parmi lesquels il est un
« des privilégiés. Arcane des sentiments de
« l'homme! il est donc des sympathies secrètes
« qui naissent mystérieusement, se développent
« de même, inconnues de celui vers qui elles se
« portent, vivent sans but et sont encore agréa-
« bles au cœur. »

L'affection de P. Reynier pour M. de Lesseps fut partagée. Car, attaché à l'éminent diplomate comme secrétaire particulier dès son arrivée en Égypte, P. Reynier n'a plus quitté celui qui lui avait inspiré un si profond attachement, et qui lui donna d'ailleurs jusqu'à sa mort les preuves constantes de la plus généreuse et de la plus paternelle affection. P. Reynier parle ensuite dans sa relation de trop courts instants que nous avons passés ensemble. Je ne connais pas de jouissance comparable à celle de recevoir l'expansion d'une telle âme : aussi ne puis-je résister au bonheur de reproduire quelques-unes des lignes qui rappellent à mon cœur de si chers souvenirs :

« Une liaison étroite, » dit-il, « se forma subitement entre nous : nous nous étions vus à « Paris pendant assez longtemps, sans nous con« naître beaucoup ; quelques heures nous suffi« rent aujourd'hui pour nous aimer... Il me sup« plée un peu l'abbé B..., en ces instants où « mes émotions demandent à se répercuter dans « quelque réminiscence poétique, et réveillent « au fond de ma mémoire, riche en vers, les « vers qui traduisent mes sentiments. J'éprouve « un vrai besoin de les dire à quelqu'un : à « moi, si je suis seul, mais à haute voix, avec « une chaleur d'expression qui me soulage. Lui « en ai-je débité, à ce cher ami, et des miens « surtout ! car il aimait à m'entendre me réciter « moi-même, et j'avoue que j'y prends autant « de plaisir aux heures où je suis ému, que j'en « ressens d'ennui quand il me faut le faire lour« dement à froid.

« Pendant cette soirée et les deux qui l'ont « suivie, nos imaginations se sont bercées, bras « dessus bras dessous, au roulis léger d'une « belle mer, sous un ciel déjà oriental, à la « cadence des citations poétiques dont j'entre« mêlais nos conversations ; puis nous regar-

« dions le beau spectacle étalé devant nous, « la grande mer qui dormait, le miroitement de « la lune, les gros flocons d'écume blanche qui « montaient autour de notre bateau. Contem- « pler à deux la solennité de cette scène noc- « turne, cela m'a payé au centuple toutes mes « souffrances précédentes, et une fois que j'en ai « eu goûté, il ne m'a plus été permis d'être ma- « lade, parce que je n'ai plus pu consentir à « être privé de cette jouissance.

« 5 novembre. — Cette soirée était la dernière « que j'avais à passer avec mon ami ; aussi « quand tout le monde se fut retiré, la prolon- « geâmes-nous ensemble assez avant dans la « nuit. Debout à la proue, où le souffle de la « brise arrivait plus pénétrant et sans mélange « des émanations du bateau, nous rêvâmes « tant que nous pûmes ; nous nous dîmes que « nous nous étions connus trop tard ; nous nous « promîmes de nous revoir à Marseille, à Paris. »

Que de beaux rêves nous fîmes ensemble, devant les feux d'Alexandrie, dont les portes ne devaient nous être ouvertes qu'au lever du soleil! L'âme de Paul Reynier, émue devant cette nature splendide, ne parlait qu'en vers, et sa voix, emportée par la brise marine, me semblait un écho des célestes symphonies que la création entière chante à la gloire de son Dieu. Il aimait à se faire l'interprète de tous les hymnes de la nature, que les âmes comme la sienne savent seules entendre, et, avec une grâce angélique, il se plaisait à unir le doux et poétique nom de Marie à celui de son divin Fils, *le Dieu de toutes choses*. Il s'écriait alors dans un saint transport :

Marie! il est si doux d'entendre
Ton nom mystérieux et tendre
Dans la brise et les flots émus!
Il est si doux au cœur qui t'aime,
De trouver partout un emblème,
Et de toi, Mère, et de Jésus!

En parlant de poésie, de beauté, d'art, comment ne pas penser à Dieu, qui en est la source éternelle et sublime? Ici encore notre poëte me montrait toute son âme si pure et si pleine de candeur ; il m'a ému bien souvent aux récits des passions de son enfance. Le besoin d'aimer est une attraction infinie qui saisit certaines âmes au berceau. Il faut qu'il soit satisfait, dût-il se porter sur les choses les plus poétiquement bizarres. Le cœur de Paul Reynier était tout à Dieu et à la Vierge Marie, son plus bel ouvrage ; mais il avait besoin d'aimer encore quelque chose des créations actuellement sensibles de Dieu, pour que son hommage fût complet ; il se prit alors à aimer d'un amour constant et solitaire cette étoile qui le soir brille la première au firmament, comme pour montrer qu'elle est la plus belle : il lui parlait en vers dont la nuit et le vent ont seuls surpris la confidence.....

Nous fûmes tirés de nos contemplations poétiques par les flammes bleuâtres d'un punch d'honneur, qu'offraient aux officiers du *Lycurgue* ses illustres passagers, qui cherchaient ainsi à occuper les loisirs imposés par toute une nuit d'attente devant les portes fermées d'Alexandrie. Je préférai encore au punch le récit que nous fit M. de Lesseps de son admirable conduite à Barcelone : on eût dit, à l'entendre, que tout le monde eût fait comme lui. On croit sans peine, en effet, que l'énergie, le courage dont il fit preuve alors étaient pour lui les choses les plus faciles du monde, comme il le disait d'une façon charmante.

« Sans faste et sans modestie affectée, dit « Paul Reynier(1), avec la simplicité d'un homme « qui, jugeant ses belles actions de la hauteur de « son âme, n'y trouve rien d'extraordinaire, il « racontait comment il avait voulu faire sauver « sur un bateau français le commandant de la

(1) Notes inédites.

« citadelle ; comment l'embarcation qui le por-
« tait à bord avec sa femme et ses filles avait été
« arrêtée par les insurgés, qui les avaient em-
« menés de barricade en barricade jusqu'au
» centre de l'insurrection ; comment il était par-
« venu lui-même jusqu'à ce quartier général du
« peuple révolté, gagnant en passant par le bon-
« heur de sa parole les chefs des meneurs ; com-
« ment il était retourné avec ses protégés à tra-
« vers les barricades, qui s'étaient toutes ou-
« vertes sans résistance devant lui et les avait
« reconduits jusqu'au bateau qui les emporta en
« France. — Ce qu'il ne nous dit pas, c'est que
« tous les souverains d'Europe avaient envoyé
« leurs croix en témoignage d'admiration au
« héros de cette belle journée.

« Plus tard, l'insurrection ayant repris encore
« avec plus de chaleur, il ne se comporta pas
« moins bien et finit par être le médiateur entre
« les rebelles et le gouvernement. Il avait tenu
« ceux-là en respect en face des canons de trois
« vaisseaux français ; mais en même temps il
« avait acquis leur sympathie en leur épargnant
« les horreurs d'un bombardement dont l'ordre
« avait été donné par Espartero, et dont il dé-
« tourna le gouverneur comme d'une atrocité
« impolitique. Ce fut lui qui, lors de la reddi-

« tion de la ville, remit au gouverneur les clefs « de la citadelle, et il en obtint les amnisties « qu'il avait promises. Les Français, qu'il avait « prévenus de ne pas se mêler de ce démêlé « national, en furent exceptés par lui, comme « ayant compromis la dignité de leur patrie et « désobéi à leur consul. Sa conduite fut le plus « heureux mélange de douceur et de fermeté, « d'habileté et de courage.

« Tout ce récit venait d'être provoqué par « notre lieutenant, qui, ayant été l'un des ma- « rins de l'embarcation envoyée au gouverneur « de Barcelone et arrêtée ar les rebelles, avait « rappelé à M. de Lesseps cette page glorieuse « de sa vie. »

La reconnaissance des habitants de Barcelone a voulu être constamment présente aux yeux de son sauveur, dans un précieux souvenir de marbre qu'une modestie bien digne d'un grand cœur cache aux yeux des indifférents.

Le récit du héros de Barcelone et de Suez fut suivi des chants des matelots, dont les chœurs ne manquaient ni de justesse ni de mélodie. Entendues comme elles l'étaient d'une extrémité du navire à l'autre, et éloignées encore par une brise légère, les voix sonores qui s'élevaient pures et fortes au milieu du silence de la mer donnaient à cette scène un cachet de grandeur et de poésie. D'où vient que les plus beaux spectacles de la nature donnent toujours à l'âme une impression de tristesse? que les chants populaires, comme les sons épars et harmoniques qui dans l'air semblent la grande voix du monde, affectent presque constamment le ton mineur? Le monde porterait-il, lui aussi, comme le cœur de l'homme, l'empreinte d'un regret et d'une espérance?

La nuit s'était avancée lentement sous ce ciel si pur, sur cette mer si calme, et j'oubliais les heures fugitives pour jouir plus longtemps du rayonnement de l'âme de mon ami. Je ne pouvais pas me séparer de lui. Mon cœur avait-il un secret pressentiment que je ne devais plus goûter les délices de cette nuit, et que l'apparition de Paul Reynier devait rester dans mon souvenir comme un météore radieux toujours regretté? Je ne voulus pas me séparer de lui qu'il ne m'eût laissé un souvenir écrit de notre bonheur d'un instant. Nous entrâmes dans ma cabine, et, à la lueur d'une lampe de bord, P. Reynier écrivit couramment sous mes yeux ces vers charmants, que quelques pensées trop intimes n'eussent pas permis d'insérer en entier dans le recueil de ses poésies; mais que je ne puis m'empêcher de donner ici en partie, comme un exemple, malgré quelques imperfections, de l'étonnante facilité d'improvisation du poëte.

En vue d'Alexandrie, le 6 novembre 1854.

Ange de l'amitié, tu me suis en tous lieux.
Je me disais : Je vais, loin des bords, loin des cieux
Où vivent tous ceux que j'adore,
Des ivresses du cœur me sevrer quelque temps,
Pour voir les beaux climats qu'un éternel printemps
De ses rayons parfume et dore;
Je vais des Pharaons fouler les grands tombeaux,
Saluer ces débris si sublimes, si beaux,
Restes des géants d'un autre âge;
Je vais voguer bercés dans les *canges* (1) du Nil,
Dormir sous les palmiers. — Pour les jours de l'exil,
Peut-on souhaiter davantage?

Ici le poëte parle de notre amitié et du bonheur qu'il ressent de posséder Dieu et un ami, en présence de cette splendide nature ; puis il continue :

Sous ce ciel d'Orient, je les ai tous les deux;
Ange de l'amitié, tu me suis en tous lieux :
Merci ! — Mais, hélas ! ô bel ange,
De ton aile voilé tu me caches des pleurs!
Nos jeunes sentiments ont déjà leurs douleurs,
Leur miel d'absinthe se mélange !
Je vais me séparer de ce cœur bien-aimé!
Mon bonheur me semblait un bien accoutumé,

(1) Bateaux spéciaux à la navigation du Nil.

Ce bonheur qu'hier vit éclore,
Et déjà je le perds ! — Mais, bel ange, demain,
Si tu nous vois gémir, en nous serrant la main,
A bientôt! viens nous dire encore....

Nous nous revîmes en effet le lendemain et le surlendemain à Alexandrie, et je ne le revis plus ensuite à Paris que pour lui fermer les yeux.

CHAPITRE IV

Alexandrie.

A six heures le pilote était à bord du *Lycurgue*, qui sous sa direction obligée franchissait les redoutables *passes* que la prudence égyptienne conserve comme la meilleure défense du port.

Nos voyageurs s'envolèrent comme des oiseaux dont on ouvre la cage. Un magnifique canot du vice-roi attendait M. de Lesseps; le même honneur n'était pas réservé à Soliman-Pacha : le vaillant général, malgré ses hauts titres et sa grandeur ottomane, n'était plus ni chrétien ni français. M. de Lesseps au contraire portait ces deux beaux titres, les plus grands de la terre, avec une noblesse que les Orientaux apprécient plus que personne.

De tous les points du port des barques avaient volé autour du *Lycurgue*, qui en un instant en fut entouré; l'échelle du navire était assiégée, et cette foule flottante ne s'ouvrit que pour laisser passer le canot royal. Comme des serpents, cent bras s'enroulèrent autour de la rampe, attendant la permission de monter à bord. On laissa d'abord entrer les consuls et leurs chanceliers, et ce défilé durait depuis près d'un quart d'heure quand l'agent des postes, devinant un abus dans les prétentions consulaires des derniers arrivants, et ayant à accompagner lui-même la correspondance, refoula d'un vigoureux coup d'épaule la colonne assiégeante, qui, perdant l'équilibre, s'en fut rouler dans les barques et dans la mer. Personne ne songea à se plaindre de ce procédé oriental, et la prestesse que les prétendus consuls mirent à sortir de l'onde et à regagner leurs canots ne nous étonna plus quand nous sûmes qu'ils étaient coutumiers du fait.

Le panorama d'Alexandrie vue du navire était trop attrayant pour ne pas nous retenir quelque temps : aussi attendions-nous fort patiemment qne l'ordre fût rétabli à bord du *Lycurgue*. A gauche les chantiers de construction, les vaisseaux de guerre à l'ancre, aux vergues couvertes de matelots blancs semblables à des mouettes; à droite les fortifications bâties par le général français Gallice-Bey et la forêt flottante du port forment le cadre du gracieux tableau que présente la ville. Au loin les palais, à côté des chaumières de fellahs; au second plan la ville étagée, avec ses maisons blanches, ses terrasses solitaires, ses croisées sans persiennes, s'élève au-dessus de belles masses d'arbres, dont les ombres se plongent en longs reflets dans le port. Sur le quai, entre les navires en construction, cette population fourmillante et bariolée au milieu de ses chameaux, de ses ânes, de ses chevaux, ces barques qui volent en tous sens, aussi rapides que les blancs oiseaux de la mer, forment un premier plan d'un effet ravissant. Çà et là de légers minarets s'élèvent vers les cieux pour y porter la prière des hommes. Jetez sur ce tableau un léger brouillard du matin, mais qui, loin de lui donner un aspect de tristesse comme un brouillard du nord, ne fait que corriger la trop grande roideur des lignes, sans enlever à la nature ses couleurs brillantes et ses reflets violets; placez au-dessus de tout cela un ciel d'or, de pourpre et d'azur, et vous aurez une idée d'Alexandrie au moment de notre arrivée.

Dès que nous eûmes le pied sur le quai, une troupe d'enfants à demi nus, tenant chacun un âne par la bride, nous assaillirent en nous criant de tous leurs poumons : « Boun baudet, boun baudet; » ils pourraient dire aussi : Joli baudet : car nos ânes d'Occident ne sauraient nous donner une idée de la grâce, de l'élégance des formes et de la vivacité de leurs frères d'Orient. L'âne est l'omnibus, le fiacre obligé d'Alexandrie : nous ne nous fîmes pas prier pour nous mettre en selle. Mais à peine étions-nous placés, que nos ânes partirent au galop. Ne nous attendant pas à une telle fougue de semblables coursiers, nous faillîmes être désarçonnés. Rassurés par la présence du guide, qui suivait en tenant la queue de l'animal, nous lui criâmes de ralentir l'allure de nos bêtes : vain espoir, les enfants comprirent le contraire, et nous parcourûmes au triple galop deux ou trois longues rues, tournant de même aux angles et passant au milieu de la foule, qui, plus habituée que nous à la vue ou à la pratique de semblables courses, s'entr'ouvrait à peine pour nous laisser passer. Au milieu de la grande place d'Alexandrie, nos coursiers s'arrêtèrent tout court : nous comprîmes que nous étions arrivés.

L'aspect de la ville, malgré nos préoccupations équestres, nous frappa singulièrement. La physionomie de la première ville orientale que nous voyions, nous parut si nouvelle, si différente de celle des villes européennes, qu'il nous fut difficile d'apprécier nettement nos impressions. Le voyage maritime rend plus brusque encore la transition, faiblement préparée par la vue de Malte. Il y a d'ailleurs une immense différence entre la Valette, ville si propre et si pittoresque, et cette sorte de grand campement que représente une ville turque ou arabe. Tout ici est contraste, bizarrerie, et le pittoresque a sa source dans l'imprévu des scènes et des couleurs, dans le heurté de la lumière et des ombres. Le paysage oriental n'est harmonique qu'à distance. De près il faut une certaine habitude pour en voir les beautés. L'œil européen a besoin de se façonner à la nouveauté du spectacle ; il lui faut de nouvelles propriétés visuelles, qui le modifient lui-même. Aussi a-t-on dit avec justesse que quand l'Orient n'aveugle pas, il rend les yeux *aveuglants*. L'apparente énergie du regard est chez les Orientaux bien plus un effet d'optique qu'un indice de force morale.

C'est dans les rues d'Alexandrie que l'Orient

et l'Occident se rapprochent le plus près possible sans se confondre. La population européenne s'agite, se presse, passe en courant devant les boutiquiers arabes fumant leurs pipes sur le seuil de leurs portes et répondant à peine aux demandes des acheteurs. Le fellah ou l'Arabe ne s'inquiète nullement d'être coudoyé à chaque instant par le Franc. Rien n'est triste et gai à la fois comme le spectacle du permanent contraste entre l'inertie et l'activité, entre la vie et la mort. Mais il y a dans les calmes et immobiles scènes de l'Orient une majesté pleine d'attrait pour l'homme de l'Occident, qui ne peut s'empêcher de faire un retour sur lui-même et de se reprocher l'empressement si souvent inutile de sa vie. *Celui qui marche devant avale les mouches*, dit un proverbe arabe, que P. Reynier qui le cite traduit ainsi : *Les pressés sont des gobe-mouches*. La démarche de l'Arabe est encore toute biblique, ses gestes sont pleins d'une majesté grave, qui n'est pourtant que pittoresque et qui n'émeut pas, parce qu'elle n'est l'expression d'aucune pensée. Ces draperies usées si fièrement jetées sur des membres nus, ces amphores que portent les femmes sur leur tête à côté des chameaux à la mine benoîte, l'esprit de profonde résignation dans les douleurs de ce peuple misérable, donnent à la ville orientale un cachet poétique particulier, que reproduisent toutes les lignes, tous les groupes.

Cette misère n'est, dit-on, souvent qu'apparente. Certains de ces misérables sont fort riches; mais ils craindraient, en usant extérieurement de leurs richesses, d'attirer l'attention des voleurs de tous les genres et surtout d'un gouvernement toujours habile à les dépouiller. La population indigène ne semble composée que de mendiants, et personne pourtant ne tend la main.

Les rares femmes que l'on rencontre, sont voilées de façon à éviter tout regard indiscret.

Les trois grands groupes de population sont complétement séparés à Alexandrie : les fellahs, reste des anciens Cophtes, occupent l'emplacement de la ville antique, dont la domination musulmane a effacé presque complétement les traces. Les seuls monuments que l'on puisse y voir encore sont les aiguilles dites de Cléopâtre : l'un de ces obélisques est debout sur sa base, l'autre gît couché dans la poussière qui le recouvre presque entièrement, comme pour nous montrer que le granit lui-même ne peut pas préserver de ses insultes ces marques fastueuses de la vanité humaine. L'obélisque renversé, monument humilié de l'orgueil humain, ne sert plus qu'à soutenir un vieux pont de bois vermoulu. Des chiens errants et mourant de faim, quelques pauvres fellahs ignorants et peu soucieux de la gloire de leurs ancêtres, tels sont les gardiens de l'orgueilleuse capitale de l'Orient antique. Les Anglais ont, dit-on, fait tous leurs efforts pour relever l'aiguille abattue. Ils n'ont pas pu y parvenir, ou peut-être ne l'ont-ils pas jugée digne d'efforts suffisants. Ce que le temps renverse ne se relève plus. La ville européenne est placée à côté de la cité musulmane, que nous avons déjà traversée, et qui n'est pas isolée du mouvement comme la ville antique. Toutes les habitations européennes sont groupées autour des palais consulaires, qui entourent la grande place d'Alexandrie. Les maisons sans toiture auxquelles leur ornementation donne l'aspect de palais de carton, l'encombrement de certains points couverts d'hommes et d'ânes, la solitude de ses extrémités, donnent à la grande place un aspect bizarre. A l'un des angles de la place on aperçoit l'entrée d'un bois de palmiers : on dirait d'une colonnade sans fin.

En résumé « Alexandrie, que j'ai pu voir « assez bien pendant quelques jours, est une

« ville hybride, bâtarde, mélangée d'arabe sans « caractère et d'européen mesquin. Pas un « seul édifice de bon goût point d'homogénéité « dans les constructions : chacun a adopté le « style qui lui a plu, et cette disparate n'a pas « même produit quelques jolis effets de bizar- « rerie : tout est lourd, ou maniéré, ou vul- « gaire. — L'église catholique, avec le couvent « de Terre-Sainte qui y est adossé, est située « dans une autre place moins grande et moins « régulière, mais comme édifice c'est ce que « j'ai vu de mieux à Alexandrie. Son dôme « s'élève et plane au milieu d'un vaste jardin « dont les murs sont dépassés par les hautes « cimes des palmiers, où pendent en ce mo- « ment de longs régimes de dates rougeâtres. « A côté même de l'église catholique est pla- « cée l'église grecque *orthodoxe*; elle est dans « le style byzantin et moins majestueuse. Une « chose à noter, c'est la façon dont se fait ici la « police nocturne. D'heure en heure, ou même « à des intervalles plus rapprochés, on entend « s'élever un long cri lentement prolongé en « *crescendo* et *diminuendo*, assez semblable, « me dit M. Perrottet, à celui des singes hur- « leurs de la Guyane française. A ce cri parti « d'un des points de la ville et avant qu'il soit

« entièrement éteint, tous les autres points « répondent tour à tour par un cri si exacte- « ment semblable qu'on dirait des échos se le « renvoyant l'un à l'autre. Cela réveille les « dormeurs, mais ne manque pas d'un certain « charme d'originalité (1). »

Nous prîmes des montures sur la grande place pour aller visiter les environs. Paul Reynier, l'agent des postes et moi, nous franchîmes la porte de Rosette, et, avant d'arriver à la colonne de Pompée, nous visitâmes le cimetière turc : les pierres blanches jetées sur la plaine, les aloès qui s'élèvent sur les tombes comme une image des âmes des morts, donnent un aspect de poésie grave et douce à la fois à ces demeures silencieuses; au milieu de cette plaine blanche, s'élève la colonne de Pompée, ainsi nommée d'un certain Pompée, gouverneur de la Basse-Égypte, qui l'éleva en l'honneur de Dioclétien. « C'est un magnifique mo- « nolithe en granit d'une hauteur d'environ « 100 pieds (33 mètres) et d'un diamètre cor- « respondant. Le temps et aussi sans doute la « brise de mer en ont usé la dure surface, qui « a çà et là son épiderme largement écorché.

(1) Paul Reynier. Notes inédites.

« Le chapiteau (d'ordre corinthien) est d'une « couleur noirâtre qui semble celle d'une ma- « tière différente du reste de la colonne. Cela « provient de ce qu'il a plus souffert à cause de « sa forme qui lui donne moins de solidité qu'au « reste de la colonne, et de son élévation qui « l'expose d'avantage au vent de mer. Cette gi- « gantesque pièce de granit a son piédestal assis « sur une couche de pierre et de ciment qui pa- « raît un bien faible point d'appui pour une sem- « blable masse : voilà pourtant deux mille ans « qu'il la supporte sans fléchir. Cette résistance, « cette cohésion à toute épreuve, est le secret « non retrouvé du ciment romain.

« La colonne de Pompée s'élève sur un ma- « melon sablonneux d'où l'on a une belle vue. « La plaine qui s'étend à l'entour est parsemée « d'un côté de maisons de campagne qui dia- « prent d'un peu de verdure (bien peu, hélas!) « sa vaste et jaune nudité ; de l'autre s'étend « un cimetière qui, partant du pied de la colonne, « longe la voûte jusqu'à l'entrée de la ville, « C'est une immense surface que blanchissent « de nombreuses pierres sépulcrales, entre les- « quelles poussent des bouquets de broussailles « noirâtres. L'horizon découvre au couchant le « port avec les cimes des mâts qui le hérissent :

« au levant le lac Mareotis, qui semble un se-
« cond bras de la même mer (1). »

Nous nous dirigeâmes de ce point vers le canal de Mahmoudié, qui joint le Nil à la mer.

De fort jolies barques stationnent sur le canal de Mahmoudié : ce sont celles qui, avant l'établissement du bateau à vapeur, faisaient le service postal entre Alexandrie et le Caire ; ce sont les mêmes barques ou canges que l'on prend pour remonter le Nil jusqu'à la Haute-Égypte. La voilure en est fort gracieuse, mais d'une hauteur démesurée, qui expose souvent à de graves accidents. Des hommes, des enfants courent nus sur les rives du canal, et ce n'est pas la chose la moins pittoresque que la présence des nègres et des Arabes, dont le turban forme l'unique vêtement. Au retour de notre promenade nous pûmes admirer le jardin d'Ismaïl-Pacha, où toute la société élégante se donne rendez-vous, comme dans une promenade publique. Le harem d'Ismaïl s'élève dans un des angles du jardin, et derrière les barreaux de leur prison les femmes de l'islamisme peuvent voir les chrétiennes respirer librement l'air embaumé du soir. Pauvres femmes! l'homme

(1) Paul Reynier, *loc. cit.*

a-t-il pu vous faire un sort pareil ! son cœur de père, de fils ou de frère ne s'est-il jamais révolté devant le spectacle du rôle honteux qui vous est imposé.

Comment quitter Alexandrie sans avoir foulé le sable du désert de Ramlet qui l'entoure? Le lendemain, nous eûmes bientôt franchi les portes de la ville, et nous courûmes pendant une heure et demie sous un soleil de feu. Nous ne rencontrâmes que quelques misérables fellahs, des lézards effrayés, et dans toutes les flaques d'eau d'innombrables poissons. A mesure qu'on s'enfonce dans le désert, le sable devient de plus en plus profond et mobile. La marche des montures y est difficile, et nous jugeâmes prudent de revenir sur nos pas. Nous passâmes au retour tout près d'un village de fellahs : les maisons ne sont que de pauvres cabanes où vivent en commun bêtes et gens. J'ai vu là au milieu des chiens et des porcs, à l'entrée du village solitaire, une pauvre jeune femme à moitié nue, couverte à peine par un reste de chemise bleue. Nous regagnâmes bien vite les rives du canal, tantôt emportés au galop de nos ânes, tantôt nous arrêtant devant un troupeau de buffles ; nous arrivâmes devant un palais enveloppé de vertes et odorantes charmilles.

Nous nous demandions quel était l'heureux pacha qui coulait dans ces lieux enchantés de muettes et délicieuses journées, quand nous apprîmes que c'était la demeure offerte à M. de Lesseps par le vice-roi. Nous entrâmes chez l'illustre diplomate, qui nous reçut avec sa grâce habituelle. Son habitation brillait des mille détails d'un luxe du meilleur goût, et d'une splendeur tout orientale. Nous fumâmes dans des chiboucks à bout d'ambre et incrustés de diamants, dont la valeur dépassait plus de cent fois celle des plus belles pipes de France. Nous prîmes le café dans des *fingents* de porcelaine de Sèvres incrustés d'or. M. de Lesseps nous fit lui-même les honneurs de sa splendide villa : il nous montra ses majestueux bananiers, ses jasmins, ses héliotropes, toutes ces plantes, tous ces arbres aux senteurs délicieuses que nous cultivons avec tant de peine dans notre Europe, et qui poussent si vigoureux sous le ciel fécond de l'Égypte.

Quelques heures après cette visite, P. Reynier m'accompagnait jusqu'au canot qui devait me ramener à bord du *Lycurgue*.

La nouveauté des spectacles réservés à nos yeux, les distractions qui naissent des mille incidents d'un tel voyage pouvaient seules adoucir la blessure faite à nos cœurs par une cruelle séparation.

P. Reynier nous a laissé une relation de son voyage dans l'intérieur de l'Égypte, dont nous espérons pouvoir faire prochainement connaître les plus intéressants passages daus un travail spécial sur l'œuvre immortelle de M. de Lesseps. Nous ne suivrons donc pas aujourd'hui notre poétique compagnon ; mais avant de le quitter, nous irons assister avec lui au palais de *Rashétin*, à Alexandrie, à la réception d'un nouveau consul. Nous allons le laisser lui-même nous raconter cette intéressante cérémonie.

« On envoya prendre le nouveau consul de « Sardaigne dans une voiture de la cour. Les « cawas de tous les consuls ses confrères et du « gouvernement le précèdent à pied ; il est ac« compagné d'une musique militaire qui joue « pendant la route et à son arrivée au palais. « Introduit dans la salle de *Dewann*, il s'asseoit « à côté de S. A. On apporte la pipe et le café, « et l'audience ne tarde pas à être terminée, au « grand plaisir de Saïd-Pacha, qui, étant d'une « grosseur monstrueuse, ne tient pas à l'aise « dans son habit de cérémonie.

« On donne à tout nouveau consul un sabre « et un cheval ; autrefois on y joignait encore

« une pelisse. Il serait à désirer qu'on abolît « tout à fait cet usage, qui avait sa racine dans « une insolence turque. « Altesse, disait-on, voici « un pauvre homme qui n'a pas d'habits pour se « couvrir, qui n'a pas de cheval pour chemi- « ner (1), qui n'a pas de sabre pour se défen- « dre; » et l'Altesse généreuse habillait, équi- « pait, armait ce pauvre chrétien. Si les pa- « roles ne se prononcent plus, le rit, étant res- « té le même, semble les sous-entendre.

« Après la séance officielle, j'entre avec Clot- « Bey dans une autre pièce du palais où se ré- « unissent les courtisans. C'est une rotonde « fort belle, avec un parquet et des glaces ma- « gnifiques, des fresques, une décoration de la

(1) « Les Turcs ne comprennent pas qu'on aille à pied, à « moins d'y être forcé. Quiconque n'est pas à cheval, à bau- « det ou en voiture, est réputé n'en avoir pas les moyens. « Ils ne comprennent pas qu'on ne soit pas très-contrarié de « marcher et qu'on y prenne soi-même quelque plaisir; aussi « n'ont-ils aucune idée de ce qu'on appelle chez nous se prome- « ner. Voici à ce sujet une historiette authentique : Un prince « turc voyait de ses fenêtres un attaché de l'ambassade fran- « çaise qui faisait régulièrement tous les jours après le déjeu- « ner son tour de jardin. Cela finit par le toucher d'une si vive « pitié qu'il envoya prier l'ambassadeur de faire grâce à ce « malheureux jeune homme, qu'il avait condamné au cruel « châtiment d'arpenter ainsi tous les jours le jardin de l'am- « bassade. On eut toutes les peines du monde à lui faire com- « prendre que ces promenades étaient volontaires, et en ces- « sant de passer à ses yeux pour un condamné, le promeneur « passa pour un fou. »

« plus grande richesse. S. A. arrive bientôt,
« dans les amples vêtements qui conviennent à
« sa grosseur. Elle s'asseoit dans un fauteuil,
« et chacun se tient debout à une distance res-
« pectueuse. C'est une chose étrange que ces
« cours orientales: en face du maître, tout rang
« s'efface sous le même niveau de servilité. Puis
« ces mêmes hommes qui viennent de s'humi-
« lier et souvent même *d'être humiliés* de la fa-
« çon la plus profonde, rentrent chez eux ou
« passent seulement dans une autre salle et y
« redeviennent grands personnages au milieu
« de leurs inférieurs, qui jouent à leur tour
« le même rôle. Ainsi, depuis le premier jus-
« qu'au dernier placé dans la hiérarchie, cha-
« cun est tour à tour humble courtisan et hum-
« blement courtisé. »

CHAPITRE V

Jaffa.

Au moment de notre départ d'Alexandrie, la solitude s'était faite à bord du *Lycurgue :* la brillante et nombreuse société s'était réduite au nombre de cinq ou six personnes. Un temps admirable et le spectacle des mers syriennes pouvaient seuls nous consoler des séparations de la veille; la solitude de la mer perdait cet aspect triste dans sa grandeur qui nous avait frappés. Je ne sais quelle gaieté semblait sourire dans les brises parfumées qui nous arrivaient de la terre. D'innombrables poissons volants s'élançaient à tout instant hors des ondes, et par leurs brillants reflets ressemblaient à des pluies de perles; de nombreux oiseaux, gracieux messagers du rivage, venaient se reposer sur les vergues du navire.

Les blanches murailles de Jaffa sortirent enfin du sein des eaux; et le 10 novembre, à 7 heures du matin, le *Lycurgue* jetait l'ancre. La ville de Jaffa n'a pas de port, le rivage est en ce point très-difficile à aborder; les canots, à cause du manque de fond, ne peuvent approcher du quai. De vigoureuses épaules arabes servent de pont entre le canot et le quai. Ce genre nouveau d'équitation ne laisse pas que d'étonner au premier moment, malgré son cachet pittoresque, que le gouvernement turc eût sans doute craint de détruire en construisant un môle ou la plus légère jetée en planches.

La ville est très-gracieusement placée sur la côte. Le très-petit port qu'elle possède, accessible seulement aux bateaux pêcheurs, est fermé par des rochers, usés par la vague, qui présentent des excavations sous-marines ou à fleur d'eau percées de trous très-étroits; quand les flots s'engouffrent dans ces sortes de voûtes, l'eau s'élève par les issues naturelles en mille jets écumants. « Sur (1) l'un de ces récifs on voit un reste de colonne. C'est là qu'était attachée Andromède lorsqu'elle fut délivrée par Persée. Autre tradition, mais cette fois biblique :

(1) Tous les passages entre guillemets intercalés dans ce récit sont extraits des notes inédites de P. Reynier.

Jaffa est l'ancienne Joppé où Noé construisit l'arche, où Jonas s'embarqua et près de laquelle il fut jeté à l'eau et englouti par un poisson miraculeux. La ville toute bâtie en une sorte de pierre spongieuse de couleur dorée, étagée sur le versant d'une colline dont la base est baignée par la mer, produit à l'œil un très-agréable effet d'ensemble; mais quand il s'agit de s'y engager et de la voir de près, le détail ne répond pas à cette illusion du premier coup d'œil. Ce ne sont que rues montueuses, taillées dans la pierre dure; la rudesse du pavé n'est tristement corrigée que par la boue qui le recouvre. »

Jaffa est pleinement une ville orientale, qui n'a pas, comme Alexandrie, subi l'influence européenne. Les chiens commencent ici à être exclusivement chargés des soins de voirie, de balayage, et en général de tout ce qui regarde la salubrité publique. Les poëtes et les peintres peuvent seuls ne pas s'en trop apercevoir; leur attention est absorbée par la pittoresque irrégularité des rues, par les contrastes incessants que produisent l'obscurité des maisons, des voûtes, des ruelles, et la vive lumière que répand le soleil dans les points où il peut se glisser. L'œil est à tout instant charmé par les plus ravissants effets de clair-obscur. Les ânes, les chameaux, les bazars, les costumes de toutes couleurs et de toutes formes, tout est si nouveau pour l'Européen qu'il ne peut rassasier ses yeux d'un tel spectacle. Le peu de largeur des rues de Jaffa ne rend pas les promenades faciles; il est quelquefois dangereux de s'y laisser trop absorber par la contemplation de la lumière. Ici c'est un trou boueux, qui, semblable au puits de l'astrologue de la fable, vous tend un piége; là un chien, dont il est dangereux de troubler le *kief* orgueilleux; plus loin une longue file de chameaux chargés qui occupe toute la largeur de la rue et force l'imprudent piéton à s'aplatir dans un angle de porte. Personne d'ailleurs n'est pressé dans son allure, et la vive démarche de l'Européen se heurte à chaque pas contre des groupes d'indigènes immobiles. J'étais fort heureusement accompagné par notre spirituel et intrépide agent des postes, qu'une suffisante habitude de l'Orient avait initié aux exigences de la civilisation musulmane. Il avait à la disposition de tous un argument toujours accepté. Un grand et solide bâton, adroitement manié, répandait autour de nous un salutaire respect. Ce procédé me parut étrange d'abord; mais je me rendis promptement à l'évidence. Je n'eusse pu sans cet utile instrument admirer aussi commodément les beautés si lumineuses de Jaffa. De gré ou de force, on nous laissait passer. Nous rencontrâmes pourtant un musulman tirant par la bride un âne chargé de deux lourds sacs de blé. L'âne et le chargement occupaient toute la largeur de la rue, et le fier Ottoman ne paraissait pas vouloir attendre que nous eussions pu nous réfugier dans un coin protecteur. Sans mon énergique compagnon, la situation m'aurait inquiété; mais cela n'était pas au-dessus de ses ressources. En un clin-d'œil une vigoureuse poussée eut bientôt fait perdre l'équilibre au faible baudet, qui s'en alla tomber sur une nichée de chiens, engloutie sous le blé répandu hors des sacs. Les aboiements lamentables de ces animaux, les cris de fureur du Turc, l'aspect piteux de l'âne infortuné couché dans la boue, formaient un tableau digne de Callot; mais notre contemplation dut être courte, car la foule des croyants accumulés eût pu nous punir de notre audace. Nous nous esquivâmes à temps.

En nous rendant au bazar, nous admirâmes une porte-fontaine chargée d'inscriptions arabes aux caractères dorés. Un poétique demi-jour couvrait la source, auprès de laquelle stationnait un groupe de femmes voilées portant des vases à forme antique; les unes se penchaient vers l'eau murmurante, les autres debout soutenaient de leurs bras relevés l'urne placée sur leurs épaules.

Nous visitâmes les remparts, que quelques canons démontés semblent vouloir garder. Dans un angle du mur d'enceinte, un figuier à l'ombre épaisse recouvre une grande plaque de marbre : c'est le tombeau d'un grand seigneur anglais ; il dort là fort poétiquement couché sur les murs de Jaffa, à l'ombre de ce figuier sauvage, qui semble s'efforcer de cacher l'inscription fastueuse qui rappelle le grand nom et les hauts faits de celui qui là est oublié des hommes. Leçon sublime d'humilité donnée par un arbre sauvage à la vanité du monde !

En revenant au port, je passai par le consulat, où je trouvai en visite auprès de la femme du consul une jeune Grecque d'une beauté admirable. Ses sourcils peints du jais le plus foncé rehaussaient d'une façon bizarre l'éclatante blancheur de son teint. La belle visiteuse avait quitté son voile et son *féredjé*, et se montra ainsi dans toute la splendeur de son riche costume, sans paraître le moins du monde étonnée. Peut-être ai-je dû à ma qualité médicale cette rare confiance.

Avec une obligeance gracieuse, le consul de

France nous mena faire une charmante excursion dans de grands jardins d'orangers, dont la ville est extérieurement entourée. C'est chose curieuse, après avoir gravi ces escaliers de rues boueuses et rocheuses, d'arriver à un plateau couvert de beaux arbres portant des fruits d'une grosseur peu commune. Nous nous assîmes sur un tronc d'arbre abattu, où nous pûmes admirer et savourer les belles oranges de ce délicieux jardin.

« On a du plateau une fort belle vue ; du côté opposé à la mer il se termine par une inclinaison de sol ondulée et ravinée qui mène à des prairies, qu'on voit remonter elles-mêmes sur les flancs d'autres hauteurs.

« L'hôpital des pestiférés de Jaffa est une salle à peu près carrée, d'une grandeur médiocre, ayant au milieu un grand pilier sur lequel reposent les arêtes de la voûte. Cette salle était, non une mosquée, comme on l'a prétendu, mais une chapelle de couvent chrétien. Une galerie, qui y aboutit et le long de laquelle sont des cellules aujourd'hui démolies, servit aussi à loger les pestiférés. »

CHAPITRE VI

Beyrouth et sa colonie européenne

Repartis à midi de Jaffa, nous ne perdions plus la côte de vue. Le soir à six heures nous passions devant le Carmel, que le brouillard nous empêcha de voir. Aux lueurs du jour la gracieuse ville de Beyrouth nous apparut, semblable, selon le dicton arabe, à *une charmante sultane accoudée sur un coussin vert et regardant les flots dans sa rêveuse indolence.*

Ce qui frappe d'abord les yeux en arrivant à Beyrouth, ce sont les lignes majestueuses du Liban, qui courent au nord vers Tripoli, et au sud vers Seida. Les cimes de la montagne étaient couvertes de nuages ; nous ne pûmes pas voir la neige qui les couvrait déjà. Les petites maisons blanches de la ville, ses arceaux, ses ogives, ses clochers élancés, les dômes de ses pins éclairés de si brillantes couleurs par le magnifique soleil de la Syrie, se détachent comme une parure de diamants sur les sombres couleurs de la montagne.

Les ruines des forteresses qui défendaient la ville, et que les Anglais ont détruites en 1840, s'élèvent d'une façon fort pittoresque sur d'énormes rochers, que la mer couvre et recouvre sans cesse de son écume blanche. La mer est presque toujours houleuse à Beyrouth ; aussi n'est-il pas toujours facile d'y débarquer, et bien souvent est-on obligé de le faire au milieu des vagues qui se brisent sur le quai, au risque de les recevoir complétement sur soi. Plusieurs officiers du *Lycurgue* voulurent aller à terre durant la journée, et faillirent se perdre sur les brisants ; ils furent forcés de revenir à bord.

Le quai était couvert de monde au moment où nous mîmes pied à terre. Des nègres ou des hommes à la peau basanée et à demi nus se disputaient les bagages des voyageurs, qu'ils entraînaient dans des rues tortueuses, sales, non pavées, mais toujours dignes de l'admiration des artistes.

J'ai retrouvé à Beyrouth les bazars de Jaffa, les Turcs accroupis dans leurs boutiques et fumant avec nonchalance le *chibouk* et le *narghiléh*. De grandes toiles tendues d'un bord à l'autre remplissent les rues de fraîcheur et de clair-obscur; la population de Beyrouth est plus mêlée que celle de Jaffa. On y remarque une très-grande variété de costumes : ici c'est le Druse avec son manteau rayé de longues bandes blanches et noires; là le Moucre du Liban vêtu de pourpre, l'Arabe drapé dans son burnous austère, le Turc nonchalant avec ses souliers de cuir jaune, son large pantalon, son turban le plus souvent vert.

Les femmes, au milieu de cette population, ressemblent toujours à des fantômes sous leurs grands voiles blancs qui les couvrent en entier.

Au commencement de ce siècle, Beyrouth était loin d'avoir l'importance politique et commerciale qu'elle a aujourd'hui. Mais sa situation au pied du Liban, son admirable climat, plus salubre que celui des autres points de la côte, et sa position maritime en ont fait rapidement une ville riche et très-commerçante. Le grand nombre d'Européens qu'y a fixés le commerce, et les visites incessantes des Maronites de la montagne en font presque une ville chrétienne. Toutes les nations y sont représentées par des consuls. La fortune de Beyrouth, détruite par l'usurpation turque, remonte au temps les plus reculés. Auguste l'appelait sa colonie et la combla de faveurs ; il lui accorda le droit d'avoir des écoles publiques. Adrien et ses succeseurs lui donnèrent bien des marques de leur prédilection.

« C'est qu'en effet, dit M. de Salverte (1), la salubrité et la douceur du climat, l'heureuse situation d'un port où viennent s'échanger les produits de l'Europe, de l'Égypte et de l'Asie, ont donné de tout temps à Beyrouth une population nombreuse, riche et intelligente. Comme ces plantes merveilleuses qui, mal à l'aise et repliées sur elles-mêmes dans nos serres, se développent et s'épanouissent en atteignant des grandeurs inconnues dans les belles régions du Midi, l'intelligence emprunte aussi ses dons les plus précieux à la richesse et à la force du sol. Cette terre féconde, illustrée par de magiques souvenirs, et que le soleil aime à dorer de ses rayons les plus doux ; cette noble Syrie prodigue à ses enfants la beauté, la vivacité de l'esprit, l'habileté singulière à manier toutes les langues, l'aptitude rapide à toutes sortes de travaux. Nulle part aussi l'éducation n'est en plus grand honneur dans l'Orient ; chacun agit, s'exerce, veut s'instruire ; chacun est possédé du généreux désir d'apprendre. »

(1) *La Syrie avant* 1850, p. 39.

Les chrétiens d'Orient ont à Beyrouth des rapports constants avec leurs frères d'Europe. Ce commerce de tous les instants n'a pas peu contribué à leur faire aimer la France, à ce point qu'oubliant la funeste suzeraineté de la Turquie, ils ont pu se croire Français.

La colonie européenne est nombreuse à Beyrouth. Le service maritime des Messageries impériales y a établi la plus importante station syrienne, et le service des postes françaises n'a pas peu contribué à la fortune de cette ville. L'agent des Messageries impériales, au moment où nous la visitions, était M. Dervieux, qui plus tard s'est fait honorablement connaître par son intelligente exploitation des mines algériennes des frontières du Maroc, et par une excellente publication sur cette intéressante région. M. Dervieux, après nous avoir offert le café avec une grâce tout orientale, nous conduisit chez le directeur des postes, M. Camille Rogier, le peintre distingué, que l'on ne s'attend guère à trouver derrière la grille d'un bureau de poste syrien. Mais tel est l'attrait de cette terre privilégiée, qu'elle a captivé pour toujours l'aimable artiste qui ne s'est jamais lassé de son amour.

Le docteur Pistalozza, médecin inspecteur de la quarantaine à Beyrouth, habite une maison bâtie sur un rocher que la mer frappe sans cesse. Cette délicieuse habitation, tout entourée de treilles chargées de vignes grimpantes, s'avance sur le golfe, dont les lignes onduleuses, brisées par mille voiles blanches, se déroulent devant elle comme un magique tableau. L'heureuse châtelaine de cette poétique résidence, avant de nous recevoir, nous laissa tout le temps d'admirer son séjour. Nous fûmes agréablement surpris de voir en elle une gracieuse Parisienne, qui nous fit cet accueil attrayant et réservé à la fois dont les Françaises connaissent seules le secret.

Nous rencontrâmes M. le docteur Suquet, médecin sanitaire, à la maison des Sœurs de Saint-Vincent de Paul. Mon aimable et savant confrère me ramena chez lui. On respire dans cette charmante maison je ne sais quel air artistique qui partout y décèle le maître. Après avoir gravi un escalier de pierre, on arrive sur une terrasse au fond de laquelle se trouve un salon, ou plutôt une voûte ouverte du côté du nord, et qui l'été sert de salle à manger. A droite est le cabinet de M. Suquet; à gauche deux salons communiquent par une large ouverture de l'un à l'autre et s'ouvrent, comme le cabinet, sur la terrasse même. Les appartements supportent un premier étage qui n'a pas de toit. Les terrasses remplacent partout les toitures en Orient. Il y pleut fort rarement, et, quand l'eau pénètre sous les plafonds, on goudronne les fissures de la terrasse. Les maisons de Beyrouth sont presque toutes en pierres et relativement très-bien bâties. On y laisse le plus large accès possible à l'air du côté du nord, et l'on s'y barricade contre le soleil.

M. le docteur Suquet remplit avec distinction à Beyrouth les fonctions de médecin sanitaire depuis la création du nouveau régime quarantainaire.

L'exercice des mesures sanitaires touche à un intérêt humain trop grave pour qu'il soit permis d'en négliger l'importance, et, dans le cas même où il serait un jour démontré que la peste et le choléra ne sont pas contagieux, il ne serait pas sage d'abandonner des mesures conseillées par la prudence, et propres à rassurer les populations maritimes contre des craintes souvent trop fondées.

Le décret du 24 novembre 1850 sur la police sanitaire et le règlement international, en abolissant les abus nombreux dont gémissait le commerce, a établi les mesures les plus sages et les mieux faites pour satisfaire toutes les exigences.

Des médecins commissionnés par le ministre de l'agriculture, du commerce et des travaux publics, sont chargés de recueillir durant leurs traversées à bord des bateaux à vapeur du Levant, les renseignements qui peuvent intéresser la santé publique. Un médecin directeur de la santé à Marseille est chargé de l'exécution de l'arrêté de police sanitaire, et enfin d'autres médecins, résidant sur divers points de l'Orient, à Alexandrie, au Caire, à Beyrouth, à Damas, à Smyrne, à Constantinople, sont également chargés du même soin, en même temps qu'ils préviennent, s'il y a lieu, les autorités françaises de l'urgence de mettre les provenances de tel ou tel pays en quarantaine. Leurs rapports, adressés au ministre, renferment des documents précieux, dont la mise en œuvre pourra jeter un jour la plus vive lumière sur la question des grandes épidémies orientales. Qui, en effet, est mieux placé pour connaître l'Orient que le médecin sanitaire, que son titre et son caractère mettent en relation avec tout le monde? Les bienfaits qu'il répand lui ouvrent tous les cœurs. Grands et petits viennent le consulter, et une sorte de prestige sacré l'entoure aux yeux des populations indigènes. La mission du prêtre est limitée en Orient par le fanatisme farouche qui empêche les musulmans de prêter l'oreille aux paroles du missionnaire. Il faut d'abord parler au cœur de ces peuples avant de s'adresser à leur esprit, et la mission du médecin et de la Sœur de Charité, comme sentinelles avancées de la civilisation, peuvent amener des résultats immenses. Les Orientaux considèrent l'exercice de la médecine comme un sacerdoce. Leur vénération et leur reconnaissance pour celui qui leur rend la santé prennent dans leurs cœurs de profondes racines. Durant notre séjour dans la Dobroutcha, M. l'ingénieur en chef Lalanne, directeur de la mission danubienne, nous avait autorisés à donner des médicaments aux malheureux habitants malades du pays que nous visitions; au bout de peu de temps nous étions parvenus à faire ainsi accepter notre présence non-seulement avec joie, mais avec reconnaissance. C'était avec une grande et bien légitime satisfaction que nous entendions notre interprète nous répéter toutes les bénédictions dont nous couvraient les Tatars de ce pays, et nous traduire le parallèle que faisaient ces bonnes gens entre la manière d'agir des Russes et la conduite des Français à leur égard. Les uns n'étaient venus dans le pays, malgré leurs belles et perfides promesses, que pour brûler, détruire et tuer; les autres venaient y relever les ruines, tracer des voies de communication et *rendre la santé aux malades*.

Les services que peuvent rendre à ce point de vue les médecins des Échelles du Levant, et qu'ils rendent d'ailleurs, sont immenses, quand surtout ils savent combiner intimement leurs efforts à ceux des consuls. Les Sœurs de Charité sont pour les médecins des auxiliaires puissants, et ceux-ci le sont pour elles dans cette belle mission d'influence française et catholique, si précieuse dans un pays où la Russie emploie tous les moyens pour établir la sienne. C'est aux efforts combinés des Sœurs de Saint-Vincent de Paul et de M. le docteur Suquet que l'hôpital de Beyrouth a pu rendre de si immenses services. Au moment de notre passage, cet hôpital ne subsistait que par l'industrieuse économie de ses fondateurs, et au moyen d'une loterie annuelle. Le dispensaire fournissait dans ce même temps 35,566 consultations et pansements en moyenne par année. Le nombre des malades visités à domicile ou dans les prisons du sérail s'élevait dans le même temps à 3,501 (1).

Les médecins sanitaires naviguant prêtent leur bienfaisant concours à celui des médecins

(1) G. de Salverte, p. 45.

des Échelles. Sur certains points fiévreux de la côte de Syrie, à Mersina, à Alexandrette, etc., ils sont heureux de consacrer les heures qu'ils y passent au soulagement des malheureux habitants malades.

C'est à chaque pas en Orient que se révèle l'importance de la mission du médecin sanitaire français. Que ne sont-ils plus nombreux! ils aideraient puissamment les consuls à maintenir et à étendre cette influence française, une des plus glorieuses missions de notre pays, dans cet Orient délaissé, opprimé et pourtant si riche de passé et d'avenir. C'est en soignant les corps qu'on arrive souvent à l'âme de ces malheureux déshérités de la civilisation. Le corps médical français, si prodigue de dévouements généreux, n'aura-t-il pas un jour aussi ses missionnaires au milieu des peuples barbares! l'union du prêtre et du médecin pourrait porter d'admirables fruits. Notre-Seigneur, dans ses courses incessantes à la recherche des âmes, ne méprisa jamais les souffrances physiques. Il guérissait les corps, il attirait les cœurs; il était le divin médecin, comme il était le prédicateur divin. Les apôtres, à son exemple, guérissaient autant qu'ils enseignaient; et depuis eux jusqu'aux temps du grand Xavier et du saint curé d'Ars, toutes les souffrances, tant physiques que morales, accourent d'instinct vers le missionnaire catholique, parce que l'homme porte en lui le sentiment profond de l'unité de son être. Cette union miraculeuse du médecin et du prêtre, que Dieu veut parfois dans le secret de ses desseins, ne pourrait-elle pas exister dans de plus humbles conditions ? celui qui sauve les âmes ne marcherait-il pas d'un pas plus rapide souvent sur un terrain préparé par celui qui guérit les corps ?

Comment s'étonner de la puissance d'attraction de la France sur les populations chrétiennes de la Syrie, lorsque les efforts de nos missionnaires, de nos Sœurs de Charité, de nos médecins, trouvent encore un appui et une protection toute-puissante dans l'action de nos consuls ? comment s'étonner de la jalousie d'une puissance rivale, qui, si elle a le privilége des colonisations durables et riches, ignore l'art de se faire aimer et ne sait rien fonder que sur l'oppression, et au besoin sur l'extermination des races indigènes ?

La colonie européenne est groupée à Beyrouth auprès des consuls protecteurs. Le consulat général de France, situé sur une hauteur, semble régner sur ce pays qu'il domine. La vue s'étend d'un côté sur la ville, de l'autre sur la mer qui baigne le promontoire sur lequel est située la maison consulaire; en face se déroule le charmant panorama des maisons entre les arbres, sur un terrain doucement ondulé, et de la rade. Au loin le Liban étale ses rochers aux arides contours, ses blancs monastères et ses hautes cimes.

Au moment de notre passage à Beyrouth, le consul général de France était M. Edmond de Lesseps, cousin de l'illustre pionnier de Suez. Son énergie et son habileté lui avaient fait une réputation digne d'envie pour un représentant de la France. Il était à la fois estimé et craint des musulmans et aimé des chrétiens. Les Arabes, de quelque religion qu'ils fussent, ne manquaient jamais de faire place dans les rues ou dans les chemins au *grand prince* des Français. L'exquise distinction de M. Édmond de Lesseps était de nature à en imposer à ces populations, plus sensibles qu'on ne pense à ce genre d'autorité. M. de Lesseps connaissait d'ailleurs à fond les mœurs de la montagne comme les perfidies turques. Il comprenait les exigences des unes et savait déjouer les autres (1).

(1) Dans ses notes inédites, P. Reynier raconte le trait suivant :

« Le vice-consul français de Seïda avait découvert un grand

La passion des Arabes pour les chevaux est connue. Le goût très-fin de M. de Lesseps pour le noble animal n'avait pas peu contribué à lui faire la réputation dont il jouit en Syrie. Il montait ordinairement un cheval admirable, et le respect qu'on avait pour lui était augmenté encore de celui qu'on avait pour son cheval (1).

M. de Lesseps entretenait avec les grands chefs de la montagne, tant maronites que druses, les rapports les plus amicaux. Sa profonde connaissance des mœurs orientales lui permet-

et superbe sarcophage antique, dont le consul anglais lui disputait la possession. On attendait la décision du pacha, et l'opinion à Beyrouth était que le seul retour de M. de Lesseps, avant et sans qu'il en ouvrît la bouche, ferait résoudre le différend en faveur du vice-consul français.

« Le pacha parlait à M. Edmond de leur amitié réciproque qui était toujours, *kam doul alla* (grâce à Dieu), restée inaltérable. « Je suis convaincu, répondit celui-ci, que si l'on « voulait trouver un moyen de l'altérer, on le chercherait vai- « nement, *fût-ce en fouillant dans la terre.* » C'est là une sorte de finesse spéciale; mais comme finesse orientale, cette phrase et le geste pas trop appuyé, mais suffisamment intelligible qui l'accompagnait, sont des chefs-d'œuvre du genre. »

(1) Pour me donner une idée de la passion des Arabes pour les chevaux, M. de Lesseps me citait le fait suivant : « Abbas-pacha, vice-roi d'Egypte, prédécesseur de Saïd, possédait tous les individus de la race *magourou*, sauf une vieille jument borgne et boiteuse, en possession d'une tribu arabe du désert. Il la fit acheter au prix de 300,000 fr., dans la crainte qu'elle ne donnât encore le jour à quelque sujet de cette race. Les faits de ce genre ne sont pas rares. Les Turcs n'ont pas d'ailleurs, sur ce sujet, les mêmes idées que les Arabes. Ainsi un Turc ne monterait jamais une jument, et la jument est au contraire la monture la plus estimée de l'Arabe. »

tait de lire au fond des questions, et grâce à lui, durant son consulat, bien des causes de discorde furent écartées.

A l'ombre des drapeaux européens et surtout de celui de la France, la colonie chrétienne de Beyrouth s'est rapidement accrue ; sans perdre son cachet oriental, Beyrouth est une ville chrétienne, j'allais dire française.

Les Européens vivent tout à fait à leur guise ; leurs femmes circulent dans les rues le visage découvert, sans que jamais les musulmans leur manquent de respect. Beyrouth est la ville d'Orient où l'on rencontre la société européenne la plus distinguée et la plus attrayante. C'est une sorte d'oasis qui rappelle la patrie, que l'on n'aborde jamais sans joie et qu'on ne quitte jamais sans regret. Les plus douces surprises y sont réservées au voyageur, qui y respire à pleins poumons le parfum de la France. On y rencontre à chaque pas le regard sympathique du maronite ; le Turc y est moins insolent, et le cœur bat d'émotion à la vue du missionnaire et de la Sœur de Charité. Comment la colonie française y serait-elle si nombreuse et si distinguée, si la Syrie n'était pas une terre française ? Le Turc et l'Anglais s'y sentent moins chez eux. Les fils de Mahomet, ne pouvant pas y marcher dans le sang, ne savent qu'y ramper dans la boue. Tigres et serpents, les ennemis des chrétiens de Syrie confondent dans une haine commune la France et le catholicisme.

CHAPITRE VI

Le catholicisme à Beyrouth.

La riche métropole de la Syrie, le centre de l'influence française dans cette région de l'Orient, est aussi le foyer d'où rayonnent les missions catholiques. On n'y compte pas moins de trois évêques, sans compter ceux que les schismes grec et arménien y entretiennent. On y rencontre à chaque pas des représentants de ces ordres apostoliques qui ont sanctifié le monde : les Capucins dirigent la paroisse et l'école ; les Franciscains de Terre Sainte y possèdent l'église de Saint-Joseph et donnent l'hospitalité gratuite aux étrangers.

Au moment où M. de Salverte, à qui nous devons un livre (1) intéressant sur la Syrie, visi-

(1) *La Syrie avant* 1860. Paris, 1861.

tait ce pays, les PP. Jésuites venaient d'organiser une typographie polyglotte, qui leur permettait de répandre à très-bon marché des livres de religion et d'éducation, imprimés en arabe, en turc, en syriaque, et reliés même dans l'établissement : « Là, comme toujours, dit-il, les Jésuites se montrent érudits, pénétrants, infatigables, et en même temps d'une simplicité parfaite. Les plus graves théologiens, versés dans la connaissance de presque toutes les langues orientales, quittent leurs doctes travaux pour apprendre la lecture et l'écriture aux petits enfants, pour leur faire réciter le catéchisme et leur adresser de précieuses et touchantes instructions. » L'externat des Jésuites, au moment où nous visitions Beyrouth, réunissait cent soixante-dix jeunes enfants d'origines et de cultes divers.

Mais c'est surtout aux Lazaristes, ou plutôt aux Sœurs de Saint-Vincent de Paul qu'ils dirigent, que revient l'honneur des plus belles œuvres accomplies. « L'établissement des Filles de Saint-Vincent de Paul de Beyrouth, dit l'auteur que nous venons de citer, moins ancien que ceux de Smyrne et de Constantinople, date de 1847 seulement; il commença par deux classes externes dans un chétif réduit qui s'est transformé en une vaste et belle maison, reportée en dehors de la ville et construite avec soin pour séparer et placer convenablement chacune des œuvres desservies par la communauté. L'orphelinat et le pensionnat s'établirent successivement en 1850. Dans l'année qui suivit l'établissement des Sœurs à Beyrouth, un petit hôpital (pour les hommes seulement) put être desservi par elles, grâce au concours de deux charitables Français. » Les saintes Filles de Saint-Vincent de Paul n'ont pas enfermé dans les limites de Beyrouth les élans de leur zèle. « Dès 1849, dit M. de Salverte, une petite école fut ouverte par les soins de leur digne supérieure, la Sœur Gélas, dans le village d'Abeïlh, et cette faible lueur fit dès lors entrevoir nettement le vif éclat qui pourrait jaillir dans la suite du développement d'institutions semblables. En 1851, l'œuvre était définitivement organisée. Il fallut d'abord établir à Beyrouth une école normale primaire, destinée à former des jeunes filles chrétiennes et indigènes à la tâche difficile d'institutrices dans les pauvres villages du Liban. »

Un succès rapide a récompensé la sagesse et la prévoyance qui avaient présidé à la fondation des petites écoles primaires. Nous ne suivrons pas M. de Salverte dans la nomenclature qu'il fait des fondations des Sœurs de Saint-Vincent de Paul dans le Liban. Que reste-t-il aujourd'hui de tant de richesses spirituelles? « Le drapeau de la France a conservé au moins les fondations de Beyrouth; et ces œuvres naissantes, chancelantes encore, dépourvues de ressources qui ne suffisaient pas aux quelques centaines de jeunes filles qui s'y pressaient, sont devenues tout à coup l'unique refuge de milliers d'orphelins, qui nus et sanglants n'ont trouvé que dans les bras de nos Sœurs françaises un remède, hélas! bien insuffisant encore aux maux horribles qui les ont accablés. » Admirable exemple de la force d'expansion des œuvres catholiques! Au moment où les sauvages tueries de 1860 dépeuplaient la Syrie, les écoles françaises catholiques s'élevaient partout. L'islamisme était lentement et pacifiquement refoulé de cette terre française par la charité et la civilisation. Aussi, victimes d'une sublime erreur, les Franciscains de Damas pouvaient-ils répondre ces admirables paroles aux consuls qui, le soir du 9 juillet 1860, les faisaient prévenir de quitter leurs maisons et de venir immédiatement chez Abd-el-Kader : « Que craindrions-nous? nous n'avons jamais fait que du bien aux musulmans ; pourquoi nous feraient-ils du mal ? Nous avons leurs enfants dans nos classes, qui nous regardent comme leurs pères ; si la maison d'Abd-el-Kader est française, la nôtre l'est aussi ; nous sommes paroisse française, et qui nous touche, touche à la France (1). »

Mais, hélas ! c'était autant à notre patrie qu'au catholicisme qu'en voulaient les assassins, et, à chaque coup de hache qui faisait tomber une tête, le plus sanglant outrage était proféré contre la France.

Le vaste établissement des Sœurs de Saint-Vincent de Paul à Damas était aussi français ; il n'en reste rien aujourd'hui. L'homme admirable qui a présidé à tous les travaux de nos Sœurs de Saint-Vincent de Paul en Syrie, et qui lui-même avait dépensé tant d'argent et tant de veilles à l'établissement de la maison de Damas, le R. P. Leroy, supérieur des Lazaristes, voulut en revoir une dernière fois les ruines, avant de quitter Damas au mois de juillet 1860. Il se prit à pleurer en contemplant son œuvre anéantie, et quelques jours après il mourait de chagrin à Anthoura (2). Le magni-

(1) B. Poujoulat, *La vérité sur la Syrie*, p. 36 — 40.
(2) B. Poujoulat, *l. c.*, p. 52 et 396.

fique établissement venait à peine d'être achevé, il avait coûté un million. M. Leroy y avait consacré ses vingt-cinq années d'apostolat en Syrie. « C'était la maison des pauvres de Damas, le refuge de tous ceux qui souffraient et pleuraient, qu'ils fussent chrétiens ou non; c'était la maison de Dieu, un foyer de civilisation, d'honneur, de douce piété, de lumière, de grands exemples; tout cela n'existe plus. » On n'a pu en sauver que les vases sacrés, et, sans le secours providentiel d'Abd-el-Kader, nos vingt ou trente Sœurs de Saint-Vincent de Paul avaient le sort horrible des malheureuses chrétiennes de Damas! Lorsque, déguisées en femmes turques, nos Sœurs désolées, quittant la ville inhospitalière, traversaient les sauvages déserts de l'Anti-Liban, elles ne s'attendaient pas à trouver sur la terre chrétienne le couronnement de leurs douleurs. Ce ne fut qu'à leur arrivée dans le Liban qu'elles apprirent la mort du P. Leroy.

Nous avons eu le bonheur de connaître ce saint missionnaire à Beyrouth. Nous fûmes assez heureux pour l'accompagner dans une traversée sur la côte de Syrie. Malgré le mauvais temps, cette soirée maritime fut pour nous pleine de charmes, et a laissé dans notre âme un ineffaçable souvenir. Le R. P. Leroy voyageait en ce moment pour l'organisation des maisons de charité dans le Levant. Ce saint missionnaire s'était embarqué à Beyrouth et descendait à Alexandrette pour aller à Alep. On n'oublie pas la tête du P. Leroy quand on l'a vue une fois. Tout en lui respirait le zèle du salut des âmes, et en même temps le calme majestueux, dépouillé de tout empressement terrestre, qu'il devait à la fois à son caractère et à sa longue habitude de l'Orient. Sa barbe, étalée en éventail et qui couvrait toute sa poitrine, le faisait ressembler à ces types d'apôtres conservés par la tradition de l'art catholique.

Les profondes connaissances de tous genres, la vie si accidentée et si pleine de saintes aventures du P. Leroy, donnaient à sa conversation un très-grand charme ; aussi, la soirée se passa-t-elle bien rapidement, malgré un roulis affreux. Au milieu de la tempête, la grave figure du P. Leroy, nous parlant de sa sainte mission avec un calme imposant, avait quelque chose d'une vision céleste. Je sais tel de ses auditeurs qui conserva une profonde impression de ces rapports d'une soirée avec le missionnaire, qui, sans le savoir et sans s'en douter, a peut-être contribué à ramener une âme à Dieu. Le spectacle de la mer, et de la mer en fureur, prédispose singulièrement le cœur aux religieuses émotions. A qui confier en un tel moment les secrètes appréhensions, les terreurs même de l'âme, dont l'énergie n'est souvent que dans l'apparence extérieure? C'est à Dieu seul qu'elle peut demander protection et salut. Dans ces longues nuits, si tourmentées, pleines de rêves et souvent d'insomnies solitaires, que de fois les souvenirs du premier âge reviennent pleins de charmes! la Vierge Marie, qui a bercé notre enfance, semble répondre à nos alarmes par un sourire de consolation. Tel le grand Xavier apparaissait aux matelots portugais comme un nautonnier céleste. Une parole d'évangélisation rencontre toujours en un tel moment un terrain bien préparé; et quoi d'étonnant qu'un homme comme le P. Leroy laisse une trace profonde de son passage dans les âmes!

Ce saint missionnaire jouissait d'une action prestigieuse même sur les sauvages musulmans, qui n'échappaient pas à la fascination de son regard, aidée de l'effet que produit toujours sur une imagination orientale la vue d'une barbe remarquablement longue et belle, servant d'ornement à une stature herculéenne. Le

P. Leroy voyageait toujours seul et sans armes : le respect accompagnait partout ses pas, les brigands mêmes le connaissaient et s'inclinaient devant lui. Dans des circonstances difficiles, il avait des arguments irrésistibles pour un bédouin. Je me rappelle encore avec émotion l'anecdote suivante, que je lui ai entendu raconter avec cette bonhomie distinguée et naïve dont ses paroles étaient pleines.

Un jour qu'il voyageait seul dans un désert, un bédouin armé jusqu'aux dents se précipite vers son cheval, le prend à la bride et somme le Père de descendre. Celui-ci descend en effet avec calme, s'approche du voleur, et, le saisissant à bras-le-corps dans ses bras puissants, il le terrasse et lui met son genou sur la poitrine. Il s'empare alors du pistolet du mahométan, et le met en joue en lui adressant ces paroles : « Si j'étais un brigand comme toi, tu serais mort à l'instant. Mais je te pardonne, parce que je suis prêtre de Jésus-Christ et que tu n'as pas su que tu voulais ainsi dépouiller le P. Leroy. » A ces mots l'infidèle crie miséricorde, demande pardon de son crime et ne s'éloigne du missionnaire qu'en protestant de son innocence future.

Il ne faut pas de nombreuses prédications

semblables pour fonder en Orient la réputation d'un missionnaire; aussi celle du supérieur général des Lazaristes de Syrie était-elle établie de façon à faire partout où il passait un bien immense, dont sa mort est venue trop tôt tarir la source. A côté de la belle tête de M. Leroy, notre souvenir se plaît à placer la vénérable physionomie de Mgr Maxime Masloun, patriarche des Grecs catholiques, que nous eûmes le bonheur de rencontrer aussi à bord du même navire sur la côte de Syrie. L'héroïque courage de Mgr Masloun est proverbial en Orient. Pour nous en donner la preuve, M. de Lesseps nous raconta l'insurrection d'Alep en 1850, dans laquelle il a joué lui-même un si beau rôle. Nos lecteurs nous pardonneront ce récit peu connu, où nous allons retrouver dans des proportions restreintes toutes les passions, toujours les mêmes, qui ont ensanglanté la malheureuse Syrie en 1860, et qui menacent de l'ensanglanter encore tant qu'un seul Turc demeurera dans ce beau et malheureux pays.

Mgr Masloun, homme d'une énergie rare, avait pris à tâche depuis longtemps de relever la croix en Orient; aussi ne craignait-il pas de la porter haute et droite en grande pompe dans l'intérieur même des rues d'Alep, où jusqu'alors on ne pouvait la porter que baissée. Une fois même il était allé rendre visite à cheval à Abdallah-bey, chef des janissaires. Les gardes du patriarche le précédaient à pied autour de la crosse du courageux archevêque. Les Turcs, si orgueilleux et si fiers de leur titre de musulmans, avaient souvent murmuré; ils rongeaient leur frein de voir les chrétiens riches et protégés quand ils étaient souvent eux-mêmes opprimés par ces mêmes pachas, qui, grâce à l'intervention du représentant de la France, semblaient donner leur protection aux infidèles.

Sur ces entrefaites, le pacha d'Alep eut l'imprudence de réclamer à ce même Abdallah-bey, qui se disait l'ami du patriarche, une somme très-considérable qu'il devait au gouvernement. Abdallab n'était pas en position de pouvoir payer ; aussi profita-t-il du mécontentement de la population pour la soulever contre le pacha. Il eut soin pourtant, avant cela, de demander aux chrétiens une somme d'environ vingt mille piastres, qui lui fut refusée. Aussitôt il assemble le peuple, excite sa cupidité en lui montrant la richesse des infidèles, pendant qu'il était lui-même opprimé par les impôts ; il lui parle de l'insolence de ces chrétiens, dont les croix se relèvent partout, et de la nécessité de renverser un pacha qui les protége. C'était le signal. Le peuple se précipite sur leur quartier, où soixante-quatre hommes sont tués et plus de cinq cents femmes livrées aux outrages de la populace. Les moines furent massacrés dans leurs couvents, les diacres et les aumôniers du patriarche subirent en partie le même sort, et Mgr Masloun lui-même ne dut son salut qu'à M. de Lesseps, qui parvint à le soustraire à la fureur musulmane.

Mais M. de Lesseps, qui avait quitté sa maison de campagne pour aller à la recherche d'Abdallah-bey, n'avait pu tenter d'arrêter par sa présence les massacres commencés; il était d'ailleurs le seul espoir des Européens à Alep, et toute atteinte portée à sa personne eût été le signal des dernières cruautés.

A la demeure d'Abdallah-bey, on lui apprit que celui-ci s'était rendu avec 1,500 hommes et tous les chefs de l'insurrection à la maison de campagne du consul de France. Sans se laisser intimider par cette audacieuse démarche, le courageux consul se rendit seul et à pied à sa villa, et y trouva en effet Abdallah-bey et ses gens installés dans son salon de réception; la cour et les escaliers étaient pleins d'hommes armés.

Dès son entrée dans le salon, il interpella sévèrement Abdallah, en lui demandant ce qu'il venait faire. Celui-ci, devant une telle énergie, changea de contenance, et, s'adressant à ses gens, il leur dit : « Fils de chiens, apprenez que je couperai en morceau, que j'exterminerai la famille et que je détruirai la maison de celui qui touchera à un seul cheveu de la tête de cet homme (et il leur désignait le domestique de M. de Lesseps): car le maître de cet homme est le consul de France. » M. de Lesseps lui demanda alors une conférence secrète et fit retirer les insurgés. S'adressant alors au chef : « Veux-tu conserver ta tête? lui dit-il, et si tu le veux, arrête de suite les massacres que tu as ordonnés. » Étonné de tant d'énergie de la part d'un homme dont la vie était entre ses mains, et dont la poitrine était menacée quelques minutes auparavant par plus de cents pistolets braqués sur lui, et prêts à faire feu au moindre signe; effrayé peut-être lui-même de son crime, Abdallah jura que les massacres seraient arrêtés, et qu'il protégerait même la vie et les propriétés des chrétiens. Tous les consuls qui furent témoins de l'engagement pris par le représentant de France et le chef de l'insurrection, en passèrent pour les garants aux yeux du peuple.

Mais Abdallah insistait surtout pour savoir où était caché le patriarche. M. de Lesseps, connaissant toute la haine du peuple contre le saint prélat, se garda bien de le lui dire, et répondit à toutes les questions d'Abdallah que le patriarche n'était pas chez lui. Mgr Masloun assurait plus tard que c'était par amitié pour lui qu'Abdallah le recherchait, et que c'était pour le protéger et le défendre. Toujours est-il que le consul, ne lisant pas au fond du cœur d'Abdallah, ne répondit pas à ses instances. Le chef y mit le lendemain pourtant tant d'insistance, que M. de Lesseps lui répondit qu'en effet il connaissait le lieu de la retraite du patriarche ; mais qu'il ne la lui ferait connaître que sur un reçu de sa personne, signé Abdallah, et sur un sauf-conduit permettant au prélat de gagner Alexandrette, où un bateau à vapeur français le prendrait pour l'emmener à Alexandrie. Abdallah souscrivit à toutes les conditions, et le vénérable patriarche s'enfuit d'Alep déguisé en chirurgien de marine.

Mais pendant que M. de Lesseps ramenait Abdallah à des sentiments de modération et qu'il signait un arrangement avec lui, Mourad-pacha (le célèbre général Bœhm), outré d'indignation à la vue des horreurs qui se commettaient dans le quartier chrétien, avait réuni les chefs du pouvoir à Alep : Schérif-pacha, Mustapha-pacha, etc., et leur avait reproché en des termes durs et sévères leur indolence et leur inactivité en face des insurgés. Il avait plaidé si éloquemment sa cause, qu'il les avait entraînés à attaquer la ville dès le lendemain. Bœhm avait pour cela neuf pièces de canon sans affûts et une armée de cent hommes. Le bombardement allait commencer au moment où le consul venait de prendre l'engagement qu'aucune attaque ne serait dirigée contre les insurgés, s'ils consentaient à mettre bas les armes. La décision du conseil avait été déjà expédiée à Constantinople. M. de Lesseps apprit à temps cette nouvelle, et courut immédiatement chez Bœhm. Il était de très-grand matin, et le général était encore couché. Mais il fallait à tout prix prévenir une attaque imprudente, qui n'eût pas manqué de se terminer par le massacre de tous les Européens. Bœhm avait donné l'ordre de tirer sur tous ceux qui s'approcheraient de sa maison. Grâce à l'obscurité, le consul put arriver sain et sauf auprès du général, non sans avoir essuyé pourtant un coup de feu, heureusement inoffensif.

Le général fut inflexible : il répondait sans

cesse à M. de Lesseps qu'il ne savait pas ce qu'on pouvait faire avec neuf canons, et que d'ailleurs l'honneur militaire était engagé. Un courrier avait été expédié au sultan, et l'attaque aurait lieu. M. de Lesseps eut beau lui réprésenter qu'il avait arrangé les affaires, que tous les consuls européens étaient garants de ce traité; Bœhm ne voulait rien entendre. Il restait pourtant un moyen de tout concilier. M. de Lesseps s'engageait à rédiger et à faire signer, par les représentants de toutes les puissances, un acte d'opposition à l'attaque projetée par les autorités militaires d'Alep. Cette protestation de toute l'Europe devait suffire à l'honneur du soldat. Mais le consul, voyant que rien ne pouvait fléchir la terrible énergie de l'illustre Polonais : « Eh bien, lui dit-il, je viendrai dans une heure enveloppé dans le drapeau de la France, je viendrai me placer devant vos canons, et vous, qui vous dites l'ami de la France, vous aurez tiré sur son drapeau et tué son représentant. — Jamais ! s'écria Bœhm, et puisqu'il en est ainsi, je vous donne jusqu'à midi pour rédiger votre protestation. » A midi la protestation était entre ses mains, et la ville n'était pas attaquée.

Abdallah tint sa promesse; mais bientôt les

troupes turques se présentèrent devant Alep et attaquèrent définitivement la ville. Abdallah fut le premier pris et les quartiers insurgés furent livrés, après une résistance de trois jours, à la férocité des soldats. Les hommes furent massacrés, les femmes livrées aux derniers outrages, tous les biens des habitants pillés.

Abdallah demeura quelque temps en prison. M. de Lesseps, craignant qu'il ne fût empoisonné par les Turcs, lui envoya tous les matins sa nourriture. Les Turcs n'osèrent jamais s'opposer à son entrée.

Peu de temps après, Abdallah fut transféré sur un bateau à vapeur qui devait le transporter à Constantinople; mais sur le même bateau se trouvait Schérif-pacha, le gouverneur d'Alep, qui venait d'être destitué et qui allait solliciter sa rentrée en grâce auprès du sultan. Dès qu'Abdallah vit cet homme, il s'adressa tout haut au commandant en ces termes : Empêchez que ni cet homme, ni rien de ce que contient ce navire soit débarqué sans l'ordre du grand visir; car les richesses qui ont été arrachées aux chrétiens, c'est cet homme qui les tient en grande partie. » Dix ans avant les événements lugubres de Syrie, Abdallah en faisait l'histoire dans ces mots. En arrivant aux Dardanelles, Abdallah mourait empoisonné.

Telle fut l'insurrection d'Alep du 16 octobre 1850. M. Edmond de Lesseps fut fait pour sa belle conduite officier de la Légion d'honneur.

Mgr Masloun est resté l'objet de la vénération des chrétiens et de la haine des Turcs; il n'est plus rentré à Alep. Au moment où nous eûmes la bonne fortune de le rencontrer, il se rendait à Alexandrie, où il allait fonder une maison patriarcale.

CHAPITRE VII

Les Maronites et leurs ennemis.

A dix ans de distance, c'est toujours en 1860, comme en 1850, la même et triste histoire pour les infortunés chrétiens privés de leur indépendance, et étouffés entre les populations indigènes païennes ou musulmanes fanatiques et des maîtres perfides, qui se réjouissent ouvertement ou en secret des crimes dont ils ont tous les profits. Les infortunés chrétiens d'Orient méritent qu'on les laisse se défendre eux-mêmes, et reprendre cette indépendance qui fut leur garantie dans les siècles passés. Qu'on ne dise pas que l'énergie manque aux chrétiens de Syrie : ils ont l'intelligence dans la paix et le courage dans la guerre. Les riches cultures de la Célésyrie, les nombreuses magnaneries qu'ils ont établies et le concours précieux qu'ils prêtent à nos manufacturiers français établis dans le Liban, montrent que les Maronites sont aptes à tous les progrès. Mais ils ne sont pas seulement capables de faire de leurs montagnes le plus riche pays du monde, ils savent aussi les défendre au besoin. L'histoire des siècles passés nous montre cet admirable spectacle d'une petite population luttant toujours, sans être jamais vaincue par les puissants ennemis qui l'entourent. Suivant l'éloquente expression de M. Saint-Marc Girardin, les Maronites n'ont songé qu'à rester chrétiens, et cela fait qu'ils sont restés un peuple et une nation.

Quand la Palestine et la Syrie méridionale subissaient le joug des envahisseurs, le mont Liban demeurait comme la citadelle du christianisme et de la liberté. Les anciens Madianites, nom syriaque qui rappelle une antique indépendance, devenus les disciples de S. Maron, dès le VIIe siècle, résistent seuls à l'invasion des barbares, et quoique abandonnés par les tristes souverains de Byzance, ils savent non-seulement conserver leur liberté, mais ne refusent jamais une hospitalité généreuse aux fugitifs de la plaine. Les Druses, qui, durant de longs siècles, malgré leur religion et leurs mœurs différentes, ont su vivre avec leurs bienfaiteurs, ont trop oublié de nos jours que c'est à la générosité des Maronites et à leur union avec eux contre l'ennemi commun qu'ils doivent d'avoir conservé leur existence et leur nationalité.

Les Maronites, durant les croisades, furent les auxiliaires précieux des héroïques défenseurs des lieux saints; c'est dans le Liban que les débris des croisés trouvèrent un asile sûr. Les sultans mamelouks de l'Egypte, les Arabes et les Turcs s'emparèrent successivement des autres parties de la Syrie; mais vinrent constamment échouer au pied du Liban, qu'ils ne souillèrent jamais de leur présence.

Un instant, et pour la première fois, en 1824, envahi par Abdallah, pacha de Saint-Jean d'Acre, après la défaite des Druses et des Maronites réunis dans la plaine de Sidon, le Liban n'eut à subir que des exactions, sans qu'une atteinte sérieuse fût portée à son indépendance; mais l'émir Béchir, vaincu par Abdallah, ne recouvra son gouvernement que grâce à l'influence de Méhémet-Ali. L'invasion égyptienne vint s'arrêter en 1834 au pied de la montagne, dans laquelle Ibrahim n'osa pas entrer de force. Le vainqueur de Homs et de Hama se souvint alors de son origine turque, et c'est à la ruse et à la perfidie qu'il demanda le moyen de soumettre le Liban. La reconnaissance que l'émir Béchir devait au vice-roi d'Egypte paralysait une partie de ses moyens : aussi préféra-t-il livrer l'indépendance de son peuple au fils de son bienfaiteur, plutôt que d'arrêter celui-ci dans ses perfides projets au moment où, sous les apparences d'une visite de politesse, il préparait, au mépris de son serment et de toutes les lois de l'honneur, la violation de l'hospitalité offerte et l'invasion par ses troupes du palais d'Ebteddin. Par ce coup hardi, l'émir Béchir eût dévoilé peut-être tout ce qu'il y avait de faiblesse dans la puissance égyptienne, et, en sauvant l'indépendance séculaire de la montagne, n'eût pas été lui-même victime de la perfidie anglaise, qui n'acheva de chasser les Egyptiens du Liban que pour y établir la domination turque. Cette date de 1840 marque le début des malheurs des Maronites.

C'est alors que commence l'immixtion des quatre puissances unies à la Porte, dans un but hostile à la France, dans les affaires du Liban. Le gouvernement faible et mal assis de notre pays à cette époque, ne sut pas profiter de l'isolement qui lui était fait et qui peut-être eût pu tout sauver.

La rentrée de la France dans le concert européen l'année suivante, fut une abdication de son droit de protection séculaire dans le Liban, et dès lors la généreuse petite nation maronite fut livrée aux méfiances de nations protestantes et schismatiques, qui, unies aux fils de Mahomet, n'eurent jamais grande peine à paralyser les bonnes intentions de la France. Les Maronites le savent ; aussi ne nous en veulent-ils pas de ne pas faire pour eux tout ce qu'ils pourraient désirer. Ils sont eux-mêmes un peu les auteurs de leur infortune, ou du moins leur émir Béchir en a-t-il une grande responsabilité. La domination égyptienne fut le commencement de la domination turque, dont les agents n'ont jamais eu d'autre but que d'affaiblir le Liban par l'hostilité réciproque de ses habitants : c'est toujours la politique des gouvernements faibles de diviser pour régner. Grâce à cette machiavélique influence de la Porte, les populations différentes du Liban, qu'unissait un danger commun autant que le souvenir de bienfaits réciproques, sont devenues irréconciliables. Les Druses, poussés par les Turcs, se sont faits les égorgeurs des Maronites, et il n'y a eu de massacres que dans les villes où il y avait garnison turque. Une des infortunées victimes de la sauvagerie turque répondait à un Français (1), qui s'étonnait de ce qu'elle disait du respect des Druses pour les femmes : « Ce sont les soldats turcs et d'autres musulmans qui ont outragé et assassiné les chrétiens dans la montagne ; toujours le Druse parle modestement aux femmes ; mais les Turcs, oh ! les Turcs ce sont des monstres ! »

Les Maronites n'ont pas été plus vaincus en 1860 qu'ils ne le furent jadis : ils ont été trahis et assassinés. Ce n'est pas dans les combats que sont tombés les quinze mille victimes dont le sang crie vengeance, mais dans les sérails du gouvernement ottoman, et partout où les Turcs commandaient et intervenaient. Dans quelques rares combats entre les Maronites et les Druses, huit cents de ceux-ci ont succombé, et il est à peine mort trois cents chrétiens. Si la lutte fût demeurée limitée entre les Maronites et les Druses, elle eût été ce qu'elle fut toujours, une série de petits combats avec des avantages partagés, terminée par une union nouvelle contre l'ennemi commun. Mais « il est, dit M. Poujoulat, une autre vérité qu'il faut rappeler ici : la désunion parmi les Maronites, parmi les Grecs catholiques, désunion dont j'ai expliqué les

(1) Poujoulat, *La vérité sur la Syrie*, I. II.

causes par des faits ; elle a été pour eux une source de calamités sans fin. Ils étaient sans chefs, sans plan, sans direction aucune. Je ne saurais mieux définir cette lamentable situation qu'en citant textuellement ces paroles d'un musulman, paroles que j'ai moi-même entendues : « Les chrétiens sont des lions, et leurs chefs « sont des chiens ; les Druses sont des chiens, « et leurs chefs sont des lions. »

Quels sont les auteurs de cette désunion lamentable des populations syriennes ? l'antagonisme qui semble exister entre elles est-il réel ? Loin de moi la pensée de me faire l'apologiste des Druses, qui ont perdu le droit de trouver des défenseurs. Mais il ne faut pas les rendre complétement responsables des actes sauvages dont ils se sont rendus récemment coupables, et dans lesquels ils n'ont été que des instruments trop dociles entre les mains des Turcs. La rivalité des nationalités maronite et druse, en sapant l'indépendance du Liban, ne pouvait que plaire au gouvernement de la Porte, tristement aidé dans cette œuvre de décomposition par l'influence anglaise, toujours prête à nuire aux intérêts catholiques et français partout où elle les rencontre.

Les Druses sont intraitables à l'endroit de

leur religion, et ne veulent dévoiler leurs mystères à aucun étranger. Le fond de leur doctrine paraît être la métempsycose. Ils croient que les âmes des bons iront après la mort dans les corps d'hommes meilleurs encore ; celles des méchants devront habiter des animaux. Les enfants druses ne reçoivent jusqu'à vingt ans aucune espèce d'instruction religieuse ; à cet âge seulement on leur propose d'être sages, c'est-à-dire de recevoir une éducation religieuse complète, sinon de demeurer *fous*, soit dans la plus complète ignorance. Le plus grand nombre préfère cette seconde condition. Le peuple druse lui-même n'est donc, selon le mot arabe que nous citions, qu'un peuple de chiens mené par des lions. C'est à leurs chefs religieux et politiques que doit incomber toute responsabilité, et le peuple druse lui-même vit depuis de longs siècles côte à côte avec les chrétiens, souvent dans les mêmes villages, sans qu'on ait eu à déplorer encore des massacres semblables à ceux de 1860. Quelques-uns de leurs cheiks ont refusé de marcher contre les chrétiens et les ont même défendus. Les seuls coupables d'entre eux sont certains de leurs chefs, et, plus que tous les autres, leurs chefs suprêmes, qu'ils regardent comme une incarnation de la Divinité, et qui ont honteusement consenti à se faire les instruments du fanatisme turc. Mais l'erreur des Druses ne dure déjà plus. Les dernières correspondances d'Orient nous parlent de l'hostilité déclarée entre les Turcs et les Druses, qui témoignent même le désir de se rapprocher des chrétiens. Rapprocher de ce symptôme l'unanimité avec laquelle tous les peuples de la montagne, maronites et non maronites, catholiques et non catholiques, chrétiens et Druses, ont refusé de marcher contre le Kesrouan, lorsque Daoud-Pacha voulut chasser les habitants de Ghazir, et l'on pourra apprécier les changements qui se sont opérés dans le Liban depuis 1860. Les chefs druses commencent à ouvrir les yeux sur les intrigues du gouvernement turc, qui pourrait bien payer un jour tous les frais des massacres qu'il a suscités. Le sang chrétien obtiendra la justice de Dieu contre lui (1).

(1) Nous trouvons dans une correspondance d'Orient le trait suivant de mœurs locales. Il y a de cela quelques semaines, un des principaux chefs druses recevait dans sa maison et à sa table un autre chef également important. A la suite d'un léger dissentiment ils se dirent quelques paroles piquantes, et la querelle allait s'envenimer, lorsque le maître de la maison, plus calme, dit à son hôte : « Pourquoi nous disputer ? Vous me croyez votre ennemi, cela n'est pas, et je puis vous en donner la preuve. Vous êtes chez moi, j'ai de nombreux domestiques : rien ne me serait plus facile que

Mais nous ne saurions trop le répéter, il est une chose plus regrettable que l'hostilité des Druses et des chrétiens, c'est la désunion de ceux-ci entre eux. Je ne parle pas des défiances réciproques des schismatiques grecs et des Maronites, mais de la lutte intestine qui divise les forces vives de ceux-ci. Ce ne fut pas contre les Turcs ni contre les Druses que les Maronites du Kesrouan et du Fétouhl se soulevèrent au commencement de l'année 1858. Ce fut leur propre sang qu'ils firent couler dans les personnes de leurs chefs féodaux, dont les torts étaient assurément graves, mais ne méritaient pas une telle vengeance. Après la chute de l'émir Béchir, les cheiks avaient ressaisi l'autorité absolue, qu'ils avaient perdue depuis un demi-siècle, pour écraser d'exactions le peuple maronite. Le long abaissement des races nobles sous l'émir Béchir leur

de vous faire couper la tête et de l'envoyer au pacha turc, qui m'en a promis trente mille piastres; et en preuve de ce que j'avance, voici le firman dont je suis en possession. » A ces paroles, l'autre témoigne une grande surprise, et, tirant de son sein un papier : « Tenez, dit-il, voici un firman semblable au vôtre, et le pacha qui vous a demandé ma tête m'a demandé la vôtre. » Là-dessus ils se donnèrent une poignée de main et jurèrent une haine éternelle aux Turcs ; plus tard, ils firent des recherches et apprirent qu'un troisième chef druse avait reçu des propositions semblables. (Correspondance de Ghazir, le 8 octobre 1862, article du *Journal des Villes et Campagnes.*)

avait fait prendre l'habitude de l'abdication de toute noblesse et de toute dignité. L'imprudente conduite des nouveaux chefs, que rien ne recommandait aux yeux de la nation, a rendu insupportable ce joug d'un autre temps aux paysans, qui veulent à leur tête un sang nouveau; la nation semble rejeter absolument de son sein les races abâtardies, indignes de commander à ces infortunés et nobles chrétiens. La race chéab, au catholicisme douteux, qui trop souvent fit de sa religion un instrument de politique, et qui, musulmane d'origine, n'a pas craint de revenir de temps en temps à ses anciennes erreurs, quand cela lui était utile, mérite moins qu'une autre peut-être la sympathie de la montagne chrétienne. Le chef actuel de la famille chéab, qui avait repris l'islamisme durant son exil à Constantinople après la mort de l'émir Béchir, est revenu en Syrie en 1854. A son arrivée à Beyrouth, il répudia ses femmes et se refit chrétien. C'est un homme simple et le plus intelligent des deux cents émirs dont il est le chef. Les Maronites ne veulent pas de lui, dans la crainte de se voir opprimés par deux cents petits tyrans. Les familles nobles sont tombées dans l'abaissement le plus profond en Syrie. Le parti populaire est le seul qui représente les forces vives du pays : c'est lui qui s'est révolté contre ses cheiks; mais est-il encore bien responsable, et les derniers événements n'ouvriront-ils pas les yeux aux paysans comme aux cheiks, dont le rapprochement est plus que jamais nécessaire? La Turquie a vu dans le mécontentement du peuple maronite contre ses chefs féodaux une précieuse occasion pour détruire toute autorité chrétienne dans la montagne, afin de la remplacer par la sienne propre. Elle a fomenté de toutes ses forces ces tristes ferments de discorde, qui devaient livrer le Liban à ses ennemis. Quel que soit le regret qu'au point de vue de la civilisation on doive éprouver de voir les habitants du Kesrouan si obstinément opposés à la construction de la route carrossable projetée par le gouverneur actuel du Liban chrétien, entre Ghazir et la mer, peut-on ne pas excuser les Maronites de se méfier d'une entreprise turque? Les intentions du gouverneur sont excellentes; mais il passera, la route restera, et le Kesrouan, cette vieille forteresse du christianisme libanais, n'aura plus l'abri naturel de ses rochers et de ses précipices contre l'envahissement ottoman. Le progrès matériel doit accompagner le progrès politique pour les chrétiens de Syrie. Un jour viendra où ils ne seront pas tentés de regretter d'avoir tant aimé la France.

Que les divisions intestines des Maronites cessent, et leur force naîtra de leur union. Un homme leur a été donné que la Providence réserve peut-être pour des temps meilleurs. Joseph Karam, fils de cheik à une deuxième génération, représente un trait d'union entre l'ancien parti féodal et le peuple. Profondément catholique, sévère dans sa conduite, ascétique dans son allure, il s'est dévoué corps et âme à son pays. Désigné par son père pour hériter de ses titres et de ses priviléges au préjudice de son frère Michel, peu apte au commandement, il a vu les sympathies populaires se grouper autour de lui. Il a laissé à son frére ses biens, ne lui demandant en retour que l'engagement de ne jamais s'occuper de politique. Un jour, découragé de voir son impuissance pour le bien des Maronites, il se retira dans un monastère du Liban, où il se livra complétement à la prière. Il ne put pourtant pas fuir l'amour populaire, qui le suivit dans sa retraite, et il demeura le juge suprême de tous les litiges de sa nation. Un voyageur, qui l'a connu particulièrement, qui a vécu de sa vie, et de qui je tiens ces détails, me racontait qu'un jour, impatienté de la fatigante insistance d'un chrétien, Joseph Karam, après avoir refusé plusieurs fois de juger le différend proposé, s'oublia dans sa colère jusqu'à frapper du bâton l'importun plaideur. Celui-ci s'éloignait à peine, que Karam se mit à pleurer et courut dans la montagne pour atteindre le pauvre chrétien battu, et implorer son pardon.

Quand il apprit les massacres, Karam quitta son couvent, vint réclamer pour mourir l'autorité qu'il avait rendue à son frère, rassembla trois cents hommes déterminés et vola au secours de Deir-el-Kamar. On sait comment il fut arrêté à la porte de cette ville par la diplomatie européenne, dupe de la perfidie du pacha de Beyrouth. Nommé plus tard kaïmacan des Maronites, il accepta généreusement ces fonctions, qu'il conserva jusqu'au moment où il crut reconnaître sa nouvelle impuissance pour le bien de ses frères.

Le noble caractère de Karam impose l'estime à ses ennemis mêmes. Les préventions anglaises n'empêchaient pas le haut commissaire de la Grande-Bretagne à Beyrouth de désigner un jour Karam comme le plus honnête homme de la Syrie.

Les intrigues turques ont fait un jour entrer

Joseph Karam dans les prisons de Constantinople; mais la France l'en fit sortir. Il attend aujourd'hui à Alexandrie que l'heure providentielle de sa mission ait sonné pour lui.

Dieu n'abandonnera pas cette généreuse terre syrienne, pour laquelle il a tant fait; le sang des martyrs ne coule jamais en vain: il est la semence féconde des plus grandes et des plus heureuses destinées. Les aumônes généreuses de la France catholique, la présence de nos soldats et le bien qu'ils ont fait aux Maronites, ont noblement continué l'œuvre de nos missionnaires, de nos Sœurs de Charité, de nos consuls et de nos médecins. La France est aimée plus que jamais en Syrie, et les ennemis du nom chrétien ont appris de leurs yeux que quelques jours suffisent à nos armées pour faire flotter en Orient notre drapeau vengeur. Les germes déposés dans cette terre féconde se développent déjà, l'œuvre de Dieu s'accomplit, les prétentions schismatiques elles-mêmes tombent devant le généreux rayonnement de la France catholique. Un évêque grec, entouré de la vénération universelle, renonçait récemment au schisme et professait publiquement le catholicisme; le noble exemple du nouvel évêque de Lattaquié a activé le mouvement, qui avait commencé avant lui et en dehors de lui. Plusieurs milliers de grecs ont déjà adhéré à l'union, et des correspondances très-bien renseignées font espérer que d'ici à la fin de l'année (1) le nombre s'en élèvera à quinze mille : c'est presque la moitié du nombre actuel des grecs-unis en Syrie.

(1) 1863.

VIII

Les environs de Beyrouth.

Les exigences du service maritime auquel nous étions attachés, ne nous permettaient pas de pénétrer dans le Liban, qui étalait à nos yeux ses richesses étagées. Nous voulûmes au moins connaître les environs de la métropole syrienne.

La riche campagne de Beyrouth est susceptible de cultures très-diverses et fort lucratives. Les oliviers y sont fort nombreux. Les indigènes font beaucoup d'huile, mais la font mal. Un industriel qui établirait des huileries dans ce pays ferait de fort bonnes affaires. Les fabriques de savon sont fort nombreuses à Beyrouth. Un Français, M. de Perthuis, cultivait avec succès depuis quelque temps le nopal à cochenille. La récolte de cet insecte était dejà faite; nous voulûmes pourtant visiter la nopalerie française. Nous en fîmes le but d'une délicieuse promenade. Les sentiers de la campagne de Beyrouth sont fort pittoresques, mais souvent rendus dangereux par l'entre-croisement des énormes branches des cactus, qui forment des arceaux assez bas pour qu'on soit forcé, en passant, de se coucher sur son cheval. Une fois, je me suis laissé surprendre par une de ces branches, qui me frappa violemment au visage. J'en fus heureusement quitte pour laisser ma casquette suspendue à la manière de la chevelure d'Absalon. Nous traversâmes ensuite à gué la rivière de Beyrouth, dont les rives et les îles sont couvertes de lauriers-roses et de cassis. Nous remarquâmes les ruines bien conservées d'un pont romain, restauré, dit-on, par Saladin. Nous arrivâmes à la mer en longeant les rives du fleuve. Nous pûmes faire là un train de galop, comme les chevaux arabes savent seuls le faire. C'était pour nous une délicieuse jouissance de passer comme le vent sur ce sable humide de la mer, dont les flots venaient se briser aux pieds de nos chevaux. Nous respirions avec délices cette brise, qui nous fouettait le visage et qui nous venait du côté de la France. Nous gravîmes ensuite de hautes falaises, et Beyrouth nous apparut au-dessous d'elles derrière ses fortifications en ruine.

Nous fûmes étonnés, en contemplant la partie de la plage qui avoisine la ville, de n'y voir aucun de ces nombreux bateaux pêcheurs qui partout ailleurs font l'ornement des rives maritimes. On ne pêche guère dans la mer de Syrie que les éponges et le corail, très-abondant dans certains fonds. Le poisson est rare sur ces côtes battues par les tempêtes. Aussi ne fait-il pas à Beyrouth ni sur aucun point de la Syrie une des bases de l'alimentation du peuple. Il coûte beaucoup trop cher, et les riches seuls en usent. Il n'est donc pas exact que les couvents grecs en fassent l'usage immodéré dont il est fait mention par un grand nombre de voyageurs. Les carêmes des grecs schismatiques sont d'une rigueur extrême, et pendant toute leur durée ils ne mangent rien de ce qui a vie. Pendant d'autres temps de l'année, ils n'usent guère que de poisson salé. M. le docteur Suquet a observé chez eux de nombreux cas de scorbut, qu'on peut attribuer à l'action des salaisons.

Dans une direction opposée à celle que nous venions de suivre, la charmante promenade *des pins*, que le récent campement de notre armée vient de rendre chère aux cœurs français, attire les touristes. C'est ainsi que l'on nomme un bois fort pittoresquement placé près de Beyrouth. C'est de là que les compagnons de Baudouin ont tiré leurs machines de guerre. Les pins ont, dit-on, été plantés pour arrêter les menaces du désert contre la ville. Peu de temps après notre passage, « M. Ferdinand de Lesseps contemplait ces bois de pins, qui avaient arrêté les invasions des sables, et au pied desquels s'étendait une plaine naturelle à la verdure émaillée de fleurs. Il songeait à son canal, dont les bords sablonneux appelaient de semblables plantations, et se réjouissait d'en voir la réussite dans des conditions identiques. »

Nous retrouvâmes les routes avec lesquelles nous avions fait connaissance dans notre première promenade, sentiers escarpés, bordés de formidables haies de nopal épineux, seul genre de clôture que l'on connaisse en Syrie. Ces haies si nouvelles pour nous, le terrain rouge sur lequel est bâti Beyrouth, l'odeur fade des caroubiers et les troncs bizarres du sycomore donnent un aspect plein d'un charme étrange aux routes syriennes. Nous chevauchâmes quelque temps, et nous arrivâmes enfin à une vaste plaine de sable rouge, sur laquelle se déroulait le beau bois de pins, dont le vert brillant est moins sévère que celui de nos pinèdes de Provence. Quelques grands arbres, aux lignes gracieuses, s'élevaient au-dessus des autres en forme de parasol, et se détachaient comme autant de coupoles sur le fond violet du Liban. Tout, d'ailleurs, dans cette nature brille comme un immense écrin de pierreries. Le contraste si tranché des tons et des couleurs scintille aux yeux.

« Sous nos climats brumeux du Nord, les plus belles montagnes vues à une certaine distance s'effacent à travers une atmosphère blanchâtre, vaporeuse, qui en voile les contours, détruit les nuances de la lumière, éteint le coloris et confond les objets; en Syrie on voit le Liban à travers un cristal légèrement coloré de rose, de violet, qui rapproche, relève et embellit. Cette couleur céleste n'est pas uniforme; elle est plus vive sur la crête des rochers, plus dense dans l'enfoncement des vallées, plus douce sur la pente des coteaux. On croit pouvoir toucher de la main les petits clochers des couvents maronites qui couronnent les cimes aériennes; les moindres détails, les plus fines découpures de ces montagnes sublimes paraissent à l'œil ravi avec leurs teintes délicates et leurs formes gracieuses; partout se trouvent l'harmonie, la variété, la pureté, la splendeur, qui élèvent l'âme et la frappent d'étonnement et d'admiration. » (Mgr Mislin, *les Lieux saints.*)

Les indigènes enlèvent les feuilles à mesure qu'elles tombent, de sorte que le sol en semble balayé et ratissé du matin même. Un léger gazon croît seul au pied des arbres. Nous traversâmes le bois sans rencontrer d'autres animaux vivants que des fourmis, dont les interminables processions sillonnent le sol de mille petits chemins.

Nous arrivâmes à une clairière, où nous mîmes pied à terre. Le cheval arabe de l'un de nous secoua aussitôt violemment son gardien, et, lui faisant lâcher prise, se précipita au triple galop à travers les bois, les fossés et les haies. On eût dit qu'il voulait pour un instant animer tout exprès pour nous la solitude de ces lieux pleins de silence. Un cheval libre est toujours beau, quand surtout il prend ses ébats au milieu d'une nature luxuriante de vie et de liberté. Un homme du pays ramena bientôt après le cheval par la bride.

Nous demeurâmes longtemps sous le charme de ce désert transformé par ses pins. Un petit café arabe est la seule habitation que l'on y rencontre. Nous nous livrâmes à la jouissance de respirer à pleins poumons cette atmosphère balsamique et parfumée, et nos lèvres s'humectèrent du liquide cher à l'Orient.

Mais le kief n'est pas toujours permis aux voyageurs, à nous moins qu'à tout autre, à nous dont les heures étaient comptées. Il fallut nous arracher aux délices des Pins et nous rendre à l'appel de la machine fumante du *Lycurgue*.

IX

Tripoli.

Une seule nuit de traversée sépare Beyrouth de Tripoli, l'ancienne Biblos, divisée en deux parties : la ville même est placée à une certaine distance de la plage, au pied des hautes montagnes qui ferment cette belle plaine, et de la petite ville ou la *Marine*, qui s'étend sur le bord de la mer. Des débris de colonnes s'y baignent partout dans les flots. Un vieux château, remontant au temps des croisades, en défendait l'entrée avant que l'amiral Napier se soit plu à couvrir, en 1840, les côtes syriennes de ruines, que les Turcs se sont bien gardés de relever. Comment l'auraient-ils fait, quand ils laissent tout tomber en Orient? Sans hâter l'œuvre du temps, ils ne font rien pour l'entraver.

Nous entrâmes par une petite porte, à laquelle nous arrivâmes par une échelle vermoulue, donnant accès dans la forteresse ruinée. En sortant de la *Marine*, nous suivîmes une délicieuse route couverte d'un vert gazon et entourée de haies vives et toutes fleuries. De temps en temps un petit chemin couvert, semblable à une charmille, s'échappait dans la plaine et nous laissait voir un Turc nonchalant, ou une femme voilée portant sur son épaule une amphore gracieusement soutenue par ses bras recourbés.

Nous arrivâmes à un point de la route où un ruisseau la coupe. Nous nous assîmes un instant au pied d'un sycomore, auprès d'un puits, autour duquel de vieux musulmans faisaient leurs ablutions. Ce splendide spectacle du Liban et de la mer, la richesse végétale de la campagne et la multitude des habitations, j'allais dire des villas, dont les blanches murailles émaillent le vert foncé des oliviers, des figuiers et des orangers, font de cette avenue de Tripoli une des plus ravissantes promenades de l'Orient.

Tripoli a conservé son héroïque caractère. On s'étonne de ne plus rencontrer de croisés sous ces voûtes, sous ces tours crénelées qui partout révèlent le besoin de la défense. Au glorieux temps des croisades, Tripoli fut un des derniers remparts du christianisme en Orient. Le comté de Tripoli survécut en effet de quarante-quatre ans au royaume de Jérusalem.

Les chrétiens sont nombreux et respectés à Tripoli. Je n'hésite pas à dire que cette situation morale de nos frères tient surtout à la fermeté et à l'énergie de notre consul, M. Blanche.

Tripoli a joui longtemps d'une importance, au point de vue catholique, qui tend de plus en plus à se déplacer en faveur de Beyrouth. Avant la suppression de la Compagnie de Jésus, Tripoli était le foyer de son action apostolique; c'était là que résidaient ses supérieurs provinciaux. Œuvre du P. Amieu, la mission de Tripoli avait envoyé au collége fondé à Rome par Grégoire XIII un certain nombre de Maronites, devenus plus tard d'habiles théologiens et des prêtres distingués. « Les successeurs du P. Amieu, dit M. G. de Salverte, continuèrent son œuvre. Presque tous joignaient à leur réputation d'hommes charitables et dévoués, celle de bons médecins : ils obtenaient par là un facile accès chez les schismatiques et même chez les Turcs. Beaucoup d'enfants baptisés de leurs mains, un grand nombre d'hérétiques convertis (parmi lesquels tout un couvent de religieux), une école ouverte avec succès dans la ville, les parents éclairés et ramenés à la religion par leurs enfants : voilà quels furent les fruits principaux de la mission de Tripoli. »

Nous avons insisté plus haut sur l'utilité qu'il y aurait à aider l'action du missionnaire de celle du médecin. Nous sommes heureux de constater en passant que notre idée n'est pas nouvelle, et nous ne pouvons que regretter que l'exemple des jésuites de Tripoli n'ait pas été suivi par leurs successeurs.

Les lazaristes ont établi une mission à Tripoli. La paroisse des catholiques latins est desservie par les Franciscains de Terre Sainte, qui ont eux-mêmes fondé un hospice pour les étrangers. Un second hospice et une église ont été fondés en 1856 à la *Marine*, pour l'usage des habitants catholiques et des nombreux marins européens qui fréquentent cette Échelle.

Les Franciscains ont en outre fondé quatre écoles. Soixante-dix jeunes filles sont dirigées par deux institutrices laïques, élevées par les Sœurs de Saint-Vincent de Paul de Beyrouth. Quatre-vingt-dix garçons reçoivent l'enseignement de trois maîtres, dont un religieux (1).

(1) G. de Salverte, l. VI, p. 33.

Tripoli ne présente pas les ressources de société qui nous avaient charmés à Beyrouth. Quand surtout les exigences d'un service vous forcent à passer une soirée à la *Marine*, et qu'on y est privé de l'aimable société de M. Blanche et des Pères missionnaires, tous logés à Tripoli, on est presque excusable de se laisser tenter par une représentation théâtrale turque, chose très-digne de piquer la curiosité.

Nous sommes donc allés assister au spectacle de *Caragueuz*. On appelle de ce nom une espèce de jeu de marionnettes, où l'on montre des ombres chinoises rappelant les hauts et ignobles faits d'un certain Caragos, favori de Saladin, et qui en aurait été lui-même l'inventeur. Toujours est-il qu'il est lui-même constamment le héros des prouesses et des saillies burlesques dans lesquelles le génie musulman le plus dépravé a épuisé ses ressources. Rien n'égale la licence de Caragueuz. Quoique ne comprenant rien aux paroles arabes qui accompagnaient la scène, nous ne pûmes assister quelques minutes à un tel spectacle sans qu'un dégoût insurmontable nous en fît sortir. Les spectateurs indigènes trépignaient, criaient, vociféraient de joie, passaient du rire fou aux larmes tour à tour. Caragueuz seul a le privilége de dérider l'impassibilité musulmane, et les femmes turques ne connaissent pas de délices comparables à celles d'une représentation des prouesses de ce héros dépravé de leur cœur.

X

Lattaquié.

Entre Tripoli et Lattaquié le rivage que l'on serre de près déroule aux yeux du voyageur le spectacle d'une végétation puissante, dont le vert foncé tranche sur des falaises rouges. Les montagnes près de Lattaquié sont très-éloignées. Le Liban a cessé, et le Taurus n'est pas né encore ; maisle terrain est très-accidenté, et sa beauté gît plus dans sa couleur et dans ses contrastes que dans ses lignes.

Nous arrivâmes le soir du même jour à Lattaquié, mais trop tard pour obtenir la libre pratique ; le soleil était couché depuis un quart d'heure, nous fûmes mis en quarantaine : toutes les réclamations possibles n'y purent rien. Le soleil couché, la peste arrive, et de par les règlements turcs nous étions des pestiférés; plaisante revanche du pays de la peste contre celui du choléra. Nous obtînmes pourtant la permission de prendre les dépêches et de laisser les nôtres, qu'on parfuma avec un soin et une gravité comiques. On prit la patente du bord avec des pincettes. Les habitants du pays s'éloignèrent de nous en criant comme des fous : *Guarda*, *guarda*. On nous laissa ainsi arriver à l'agence de la Compagnie des Messageries impériales, où il nous fut défendu de nous asseoir sur un canapé, par la raison que la laine est *contumace*. Aussi nous assîmes-nous sur des chaises. Cet exemple, qui ne donne qu'une idée très-incomplète des entraves et des vexations de tout genre que le commerce avait à subir partout avant le nouveau régime sanitaire, et qui lui sont imposées encore par les nations qui n'y ont pas adhéré, montre l'importance économique du règlement actuel.

Mais Lattaquié ne fut pas toujours pour nous hospitalière. Quand nous y revînmes, le soleil était sur l'horizon ; *donc* nous n'avions plus la peste, et il nous fut permis de visiter cette charmante station.

Une tour en ruine, dont la base est formée de colonnes de granit couchées en différents sens, ferme l'entrée du port de Lattaquié. Si l'artiste admire les belles couleurs et les lignes pittoresques de ces ruines, que l'on rencontre à chaque pas sur la côte de Syrie, il ne peut pourtant s'empêcher de flétrir le vandalisme anglais qui les a faites, et qui, en 1840, s'est plu à démolir sans gloire des villes sans défense et des châteaux forts sans canons.

A Lattaquié, comme à Tripoli, au bord même de la mer, on ne trouve qu'un faubourg appelé la *Marine*. Un chemin couvert au milieu d'une admirable forêt de figuiers et d'oliviers conduit à l'antique Laodicée. Sur aucun point de la côte je n'avais vu une végétation d'une telle splendeur.

Lattaquié est bâti en murs épais, en voûtes et en arceaux. Aussi, ce genre de construction donne-t-il à cette ville une richesse de clair-obscur que je n'avais pas rencontrée ailleurs à un égal degré. De grandes ombres sont projetées partout sur des murs sans badigeon éblouissants de lumière ; des solives vermoulues soutiennent de vieux tissus de palmiers déchiquetés et pendant devant les boutiques du bazar, dont l'obscurité encadre cette population bariolée d'une couleur éclatante propre à l'Orient, et dont la variété de costume est plus grande à

Lattaquié que dans les villes voisines. Les pays qui entourent cette ville sont habités par un très-grand nombre de peuples différents. Le gouvernement de Lattaquié est un des plus grands de la Syrie. On rencontre dans ses rues le Turc, l'Arabe, le Maronite, le Druse, etc. Mais une race particulière, qui ne se rencontre que là, mérite une attention particulière : ce sont les Ismaélites ou Ansariens, disciples de Zoroastre. Ils adorent le feu, l'eau et le soleil. Descendants directs des *Hassassins*, ces fameux sicaires du *Vieux de la montagne*, les Ismaélites habitent les monts Cadhmourcins, près de Lattaquié. Ce sont des gens de mœurs douces et hospitalières, et qui semblent n'avoir rien conservé de la férocité de leurs aïeux, dont ils ont pourtant conservé la religion, qui ne consiste pas seulement en l'adoration du feu. Un ancien intendant de lady Stanhope, plus tard consul d'Autriche à Lattaquié, est parvenu à découvrir une partie de leur culte, qu'ils entourent de mystère. Au moyen de quelques prédictions d'éclipses, ce consul fut pris pour un prophète, et les Ismaélites lui dévoilèrent leur secret. Ils rendent un culte public, quoique mystérieux, à la femme : c'est ordinairement la plus belle de leurs jeunes filles qu'ils choisissent pour déesse ;

ils la vouent à la virginité et l'adorent dans leurs fêtes religieuses. M. Geoffroy, vice-consul de France à Lattaquié, me dit avoir vu la prière écrite de cette secte, trouvée dans le turban d'un Ismaélite mort à Lattaquié. La mémoire se refuse à garder le souvenir d'un tel signe de la dégradation de l'homme, et la plume à le fixer.

Lattaquié, qui maintenant n'est plus qu'une ville d'une quinzaine de mille âmes, était immense autrefois. Laodicée contenait 300,000 âmes. Les débris de la ville antique ont fait tous les frais de la ville actuelle. Les yeux du voyageur y sont surtout frappés par la vue d'une quantité innombrable de colonnes de granit que l'on rencontre partout. Nous avons dit qu'on les rencontre surtout dans les fondations des forts maritimes, où la mer les bat sans les user. Ces colonnes étaient tirées de la Haute-Égypte. On a peine à s'imaginer les richesses d'un peuple qui a pu faire de telles dépenses d'art.

A l'extrémité des bazars de Lattaquié, nous avons admiré un gracieux arc de triomphe romain, de l'ordre corinthien. On en a muré les arceaux, qui servent de gîte à une famille arabe. Des figuiers sauvages et les immondices des habitants couvrent complétement les bases des piliers. Des quatre arches, deux au centre sont plus élevées que les autres, et sont seules surmontées d'un élégant chapiteau. Il est probable que c'était là une des entrées de la cité antique, perpendiculaire aujourd'hui à la direction de l'entrée de la ville actuelle, qui n'occupe donc pas exactement l'emplacement de Laodicée.

La ville antique a conservé une grande importance politique et militaire, malgré de successives dévastations, jusqu'à la fin des croisades. Tancrède renonça à la prendre de force et ne put en devenir maître que par la ruse.

La ruine totale de Laodicée date de 1287, époque où elle fut prise par les Egyptiens, et de la mort de son défenseur Bohémond VII, comte d'Edesse et prince d'Antioche.

Lattaquié n'a aujourd'hui d'autre importance que celle que lui donnent la culture et le commerce de son tabac, l'un des plus renommés de l'Orient. Le tabac de Lattaquié se fait remarquer par un parfum particulier, augmenté encore par une certaine préparation que les producteurs lui font subir.

La restauration du culte catholique public date à Lattaquié de 1829, époque de la réédification et de la réouverture de l'église de Sainte-Croix et de l'hospice par les Pères de Terre

Sainte, qui ouvrirent en même temps deux écoles.

« L'une, dit M. de Salverte, tenue par deux maîtres, comprend aujourd'hui soixante garçons ; l'autre, tenue par deux maîtresses, reçoit quatre-vingts jeunes filles. Cent quarante enfants, pour le moins, fréquentent donc les classes de Lattaquié, bien que la population latine de la paroisse ne monte pas à plus de quatre cents âmes, dont les trois quarts sont Maronites. »

XI

Alexandrette.

Que le panorama d'Alexandrette était beau à notre arrivée ! Un magnifique soleil dissipait peu à peu les légers brouillards du matin, dont le Taurus semblait enveloppé comme dans une gaze nocturne. Ces majestueuses montagnes nous apparurent bientôt étincelantes de ces tons rouges, violets et verts qui leur donnent tant d'éclat. Du fond des gorges profondes dont les grandes ombres tranchaient sur la lumière des pics, s'élevaient çà et là de légères fumées, au milieu desquelles des feux brillaient de temps en temps : c'étaient les feux de bivouac des brigands de la montagne, dont ces gorges sont le repaire.

Il n'y a nulle part de port sur la côte de Syrie,

et les navires sont obligés partout de mouiller au large, se tenant prêts à lever l'ancre à chaque instant. A défaut de port, le mouillage d'Alexandrette est le plus sûr de la Syrie. Les vents dominants dans cette région n'y arrivent que faiblement. Alexandrette droit à ses abris naturels, malgré l'insalubrité de son climat, son importance maritime. Vue du large, la ville renaissant de ses cendres ne montre que quelques pauvres maisons la plupart en bois. La chaîne du Taurus l'entoure et descend à la mer, ou plutôt jusqu'à des marécages qui occupent l'étroite langue de terre placée entre la rive et la montagne. Il se fait à Alexandrette un grand commerce de laine, de soie, de noix de Galles, etc. Des caravanes nombreuses y apportent les marchandises de l'intérieur depuis Alep jusqu'à Bassora et Mossoul ; aussi les hommes et les animaux qui se réunissent sur cette étroite plage ne font qu'augmenter encore l'insalubrité, qu'aucune mesure d'hygiène publique ne vient jamais corriger ; la chlorose et l'infection paludienne impriment leurs stigmates sur tous les visages. On ne rencontre à Alexandrette que des malades et des mourants. Quelques pauvres cabanes recouvertes de feuillage et élevées sur pilotis, comme sur des échasses, servent d'abri aux habitants ;

quelques rares maisons un peu mieux bâties sont occupées par les consuls et par les agents de riches maisons de commerce. Alexandrette n'est aujourd'hui encore qu'une sorte de campement, où viennent se réunir les balles de coton indigène, les étoffes, les riches produits des Indes et de la Perse, en attendant les navires qui doivent les transporter en Occident.

Il y a cinquante ans, avant le sac d'Alexandrette par les Arabes, qui se vengeaient ainsi de l'expédition française en Syrie, cette Échelle présentait un aspect tout différent de celui qu'elle offre aujourd'hui. La petite plaine maritime était assainie par quelques rigoles d'écoulement. Des maisons européennes y maintenaient des comptoirs importants. Le couvent des Pères de la Terre Sainte répandait, avec les divins enseignements de la foi, les bienfaits d'une charité inépuisable. Malgré l'importance sérieuse d'Alexandrette comme Échelle maritime, malgré le misérable état sanitaire des habitants qu'y attire pourtant le mouvement commercial, malgré l'urgence de certains travaux de salubrité publique, le Turc ne fait rien pour ce pauvre pays retombé dans ses griffes. La vie des hommes l'intéresse moins que les richesses qu'ils apportent : le mouillage d'Alexandrette est seul abrité de toute la Syrie ; sa position géographique y attirera toujours forcément des hécatombes humaines suffisantes pour alimenter le bien-être des riches musulmans d'Alep, de Damas et de Mossoul.

Le passage du paquebot est toujours une bonne fortune pour les pauvres malades d'Alexandrette. Les grandes opérations médicales et chirurgicales sont réservées au médecin sanitaire du bord, toujours heureux d'ailleurs de sanctionner les ordonnances de M. Delpech, l'agent du service postal, qui se dévoue comme une Sœur de Charité. Mais pourrait-il suffire à de si grands et de si pressants besoins !

Appelé pour vacciner un petit enfant du consul de Sardaigne, je fus reçu par une jeune fille d'une grâce charmante. Un beau costume oriental, ouvert sur la poitrine, serrait sa taille élégante, dont aucun corset n'altérait la souplesse ; d'un léger turban d'or s'échappaient les tresses nombreuses de ses cheveux, et son gracieux visage, que la fièvre n'avait pas décoloré encore, brillait comme une des plus belles fleurs de l'Orient. Placé à l'entrée de cette sorte de royaume de la maladie et de la mort, cette gracieuse jeune fille me sembla une apparition de l'ange de consolation et d'espérance chargé d'annoncer à ces tristes lieux un meilleur avenir.

Mme Geoffroy, mère du jeune vice-consul de France, me servit de guide au milieu de la misérable population dont elle est la bienfaitrice. Je fus frappé d'une pitié profonde, au spectacle que m'offrit l'une, entre autres, de ces huttes en paille qui servent d'habitations à ces malheureux. Sur une toile infecte, jetée sur le sol encore humide de la pluie de la veille, un homme à l'œil rendu hagard par la souffrance, aux traits étirés par la faim, était couché par terre, à côté d'une malheureuse femme jeune encore, mais que l'enflure de son visage et de son corps, autant que la maigreur de ses membres, rendait monstrueuse. Autour de ce couple se plaignaient cinq ou six enfants en bas âge, que deux vieilles femmes hideuses contraignaient au silence. Que conseiller, qu'ordonner dans de telles conditions? Il ne m'était même pas permis de faire entendre à ces malheureux quelques paroles de consolation : ils ne parlaient pas la même langue que moi. A mon retour à Alexandrette j'appris que ces deux pauvres malades étaient morts.

Nous visitâmes successivement toutes les cabanes. Ici il y avait un ulcère à panser, là un abcès à ouvrir, plus loin des conseils de médecine ou d'hygiène à donner, ou une opération chirurgicale à faire. Partout notre présence était nécessaire.

Quand notre tournée médicale fut terminée, nous ne pûmes résister à la tentation que nous offrait une promenade dans les environs, malgré le danger des voleurs. Après avoir confié à M. Delpech nos bourses et nos montres, nous nous mîmes en route : M. Mailand, artiste distingué, que nous avions la bonne fortune de posséder à bord du *Lycurgue*, l'agent des postes et moi. Nous n'avions pas fait cent pas que nous fûmes frappés d'admiration à la vue du premier tableau qui se déroula devant nos yeux : au premier plan, un petit pont laissait tomber dans un filet d'eau ses pierres ruinées; une famille turque accroupie couvrait la rive gauche du ruisseau, sur lequel un groupe de palmiers faisait osciller ses grandes feuilles pendantes et dentelées. Le Taurus rouge et vert et le ciel d'un bleu intense, dans le troisième plan, formaient le fond du paysage que nous venons de décrire. Les merveilles naturelles devaient se succéder devant nos yeux. D'une hauteur voisine, nous pûmes contempler un de ces spectacles sublimes dont l'Orient est prodigue. A droite, la chaîne du Taurus avec ses rochers de grès rouge, ses forêts et ses gorges profondes, décrivait jusqu'à l'horizon une courbe immense. A gauche, la Méditerranée se confondait au loin avec le ciel, aussi bleu qu'elle ; et la plaine se déroulait entre ces deux magnifiques cadres, toute remplie d'une majestueuse solitude, jusqu'aux cabanes d'Iskanderoun (Alexandrette), dont les blanches murailles se détachaient en clair sur les brouillards de l'horizon. Un soleil de feu illuminait ce désert et en dorait d'une magique couleur tous les détails. Ici c'étaient les ruines d'un château fort vénitien, là de hautes herbes se miraient dans les eaux limpides d'un étang, où se baignait un taureau échappé des troupeaux que nous voyions paître au loin. Une antique voie de pierre resplendissait au soleil dans la plaine et ressemblait parfois à un tranquille ruisseau. Les habitants de la ville d'Alexandre n'ont pas laissé d'autres traces de leur passage. Le cheval et le chameau du désert ne foulent même plus ces dalles. La voie antique a été abandonnée pour un sentier boueux. Çà et là des palmiers solitaires s'élançaient vers le ciel, semblables aux colonnes d'un temple. Le silence de cette solitude n'était troublé que par la note gracieuse de l'alouette, ou par le chant plaintif de l'Arabe qui suivait sa lente caravane. C'était la première fois que l'Orient m'apparaissait dans toute sa splendeur. Nous nous abandonnâmes tous à une sorte d'extase devant cette œuvre incomparable du Créateur, et nous laissâmes s'écouler le temps sans songer au retour. Cependant les grandes ombres des montagnes et les magnifiques teintes violettes dont elles se couvraient, nous indiquaient l'heure du départ. En ce moment, les brumes de l'horizon s'effacèrent, et un dernier rayon du soleil couchant illumina tout à coup le champ de bataille d'Issus.

A notre retour nous visitâmes les ruines du château fort que nous avions aperçu du sommet de la colline; il n'en reste plus qu'une enceinte octogonale, dont les embrasures de canons parfaitement conservées indiquent l'ancienne destination. Les murs à double enceinte ne s'élevaient pas à plus d'un mètre au-dessus du sol. Les serpents, les lézards sont seuls demeurés fidèles à ces pierres. Nous rencontrâmes quelques Arabes à la sombre figure, dont notre imagination ne manqua pas de faire des brigands, d'ailleurs fort innocents en ce moment à notre endroit. L'un d'entre eux, pourtant, que nous rencontrâmes seul dans un lieu dont la sauvagerie méritait bien de lui servir de cadre, nous sembla plus féroce que les autres. Nous nous demandâmes si c'était bien là le voleur annoncé. Notre ennemi s'avançait vers nous d'un pas embarrassé par l'arsenal qu'il portait à sa ceinture, et qui, faisant saillie sur son ventre, le forçait à rejeter ses épaules fortement en arrière. Sabre, tromblon, pistolet, poignard, coutelas, stylet, rien ne manquait à ce magasin d'armes, pas même la pipe. Notre hardi agent des postes, M. B., ne fut pas plus à court de ressources qu'à Alexandrie et à Jaffa. Il courut droit sur l'homme suspect, et, après l'avoir courtoisement salué à l'orientale, mit la main sur son pistolet, en lui faisant signe que c'était pour examiner ses armes, et qu'il n'avait rien à craindre de nous. Le sauvage ébahi se laissa faire et nous permit d'admirer les superbes manches d'un pistolet dont le canon était de bois, d'un poignard qui n'était qu'un instrument destiné à nettoyer la pipe, et d'un écritoire qui ressemblait à un tromblon. Nous fûmes charmés et rassurés, et voilà comment nous échappâmes au plus grand danger que nous ayons couru au milieu des brigands du Taurus.

Comme en Égypte, les eaux douces sont sur les côtes syriennes d'une fécondité remarquable. Sans parler de l'ample récolte de coquilles que je me plaisais à faire, je ne pouvais me rassasier d'admirer les évolutions gracieuses des milliers de poissons qui peuplent des ruisseaux limpides coulant sur des cailloux étincelants. Comment un si beau pays peut-il être le tombeau de ses habitants? En permettant que de si belles choses soient fatales à l'homme, Dieu peut-être veut le punir de ne pas tirer parti de ces dons merveilleux qu'il lui a faits.

En rentrant à Alexandrette, nous tombâmes au milieu d'une noce. Des hommes sautaient devant trois musiciens indigènes; c'était un bruit à ne pas s'entendre. L'un des musiciens frappait de ses deux mains une peau de mouton tendue à la manière d'un tambour de basque; un autre artiste jouait d'une sorte de trompette à trous, et enfin le troisième semblait tenir à sa bouche un instrument de bois, qui me parut être une flûte. Cette musique, sur un ton extrêmement aigu, était accompagnée par les vociférations des invités. On nous dit qu'on allait ainsi chercher le garçon d'honneur. Nous le vîmes bientôt apparaître, en effet, précédé de domestiques qui portaient sur leur tête d'immenses plats de bois. Dans l'un s'élevait une pyramide jaune de riz au safran, dans l'autre de la volaille bouillie et un quartier de mouton d'une couleur d'or qui eût paru moins appétissante aux gourmets de l'Occident qu'aux estomacs orientaux. Les gens du pays ne mangent rien sans safran, et toutes les ressources de l'art culinaire étaient représentées à nos yeux par ces plats pantagruéliques que nous venions de voir passer. Mais l'heure du départ nous rappelait à bord, et nous fûmes forcés bien à regret de renoncer à la noce orientale.

En arrivant à bord, le commandant me présenta à un capitaine français dont la femme était malade sur le brick les *Rames de Saint-Valery*. Je trouvai dans l'unique et sale chambre de ce navire une jeune femme, dont la gracieuse et mélancolique physionomie faisait un contraste étrange avec la brune figure de son mari, pleine de cette franche rudesse propre aux durs habitants de cette planche goudronnée qu'on nomme un brick de commerce. Quel dévouement et quel noble sentiment du devoir ne fallait-il pas à cette jeune femme pour oser partager ainsi les dangers d'une telle vie ! Partie depuis dix mois de Rouen, elle avait visité les côtes de la Norwége, elle était allée de là en Angleterre, puis à Bordeaux, à Marseille et enfin à Alexandrette. La gracieuse et intéressante malade me montra une main charmante de distinction, dont un horrible panaris avait à peu près détruit l'index. Privé des soins de tous les jours qui lui eussent été indispensables, qu'allait devenir un tel mal? Mais rien n'effrayait l'énergique malade, et sa confiance en Dieu égalait son dévouement à son mari et sa résignation. Quelle leçon dans un tel lieu!

CHAPITRE XII

Mersina.

Le 14 novembre 1854, le gracieux golfe de Mersina déroulait à nos yeux un éblouissant spectacle de calme, de poésie et de majesté.

A droite du golfe, les hautes cimes de la Caramanie s'élevaient comme d'immenses blocs de glace couchés sur un tapis de gazon. Avec les poëtes arabes, on pouvait dire que chaque montagne portait l'hiver sur sa tête, le printemps sur ses épaules, l'automne dans son sein, tandis que l'été dormait nonchalamment à ses pieds. A gauche, la mer s'étendait sans limites, et le golfe reflétait le ciel et les nombreux navires, dont les voiles déployées, toutes humides encore de la pluie de la nuit, recevaient les caresses d'une brise parfumée. Un brouillard léger s'étendait sur ce tableau, et, sans effacer la teinte rosée indéfinissable de l'Orient, ne faisait qu'adoucir la roideur des lignes quelquefois un peu dures des montagnes. Les maisons blanches aux toits de briques de Mersina étaient presque cachées par les voiles et le brouillard, et ne laissaient voir que sa population aux mille couleurs, que ses longues caravanes de chameaux, qui, semblables à de gigantesques serpents, ondulaient lentement sur la plage.

Au moment où nous jouissions dans le golfe de Satalieh de cette admirable matinée, une des plus belles que j'aie vues en Orient, une horrible tempête restée célèbre dans les éphémérides néfastes de la marine, bouleversait la mer Noire et décimait les flottes alliées.

Nous avions mouillé non loin de l'embouchure du Cydnus.

Dès que nous eûmes mis pied à terre, nous voulûmes explorer les rives de ce fleuve célèbre, où faillit s'engloutir la fortune d'Alexandre, comme devait le faire plus tard celle de Frédéric Barberousse. Ces flots perfides, qui reçurent la confidence des intentions de Cléopâtre et qui portèrent vers Antoine sa royale flotte, ont aujourd'hui disparu. Un ruisseau trouble et tourbeux, qui n'a d'autre parure que de maigres roseaux, a remplacé le poétique fleuve, qui semble n'avoir pas voulu survivre à la gloire de cette chrétienne principauté d'Antioche dont il formait la limite.

Non loin de Mersina on admire encore les ruines de Pompéiopolis, l'ancienne Céphisium. Quarante colonnes en marbre blanc, sorte de rangée de fantômes d'un monde disparu, s'élèvent encore au milieu des broussailles.

Le séjour de Mersina, comme celui d'Alexandrette, est dangereux par l'insalubrité extrême du pays. Aussi, cette Échelle n'est-elle qu'une simple station, c'est le point d'embarquement des marchandises de l'Asie mineure et le port de Tarsous.

CHAPITRE XIII

L'Archipel.

Partis le soir de Mersina, au point du jour nous aperçûmes Rhodes, la ville des chevaliers. A sept heures le paquebot s'arrêtait devant la pointe des Moulins, à l'entrée du port, où se mire majestueuse et triste cette vieille tour des Chevaliers, dont le badigeon turc n'a pas effacé encore les antiques et nobles inscriptions. Ici c'est un buste de la sainte Vierge, là une croix sculptée, ailleurs un écusson oublié portant de glorieux souvenirs.

Le canot qui nous conduisit à terre passa devant l'entrée du port, que quelques rochers à fleur d'eau rendent très-étroit. Une pauvre cabane de pêcheur, aux planches mal jointes et vermoulues, occupe l'emplacement où l'un des piedsdu Colosse à dû s'appuyer. Cette entrée est très-étroite, et si la hauteur du Colosse était en rapport avec l'écartement des jambes, la statue était loin de répondre à ce que l'imagination des historiens en a fait. On a grand'peine à croire même que 900 chameaux aient pu être chargés de ses débris. Des vaisseaux y passaient, disait-on; mais les galères antiques ne ressemblaient guère à nos vaisseaux de ligne, ni même à nos paquebots.

En sortant du port de la Quarantaine placé en avant de la ville, nous nous dirigeâmes, le long du rivage, vers un des quais tout teinté des mille couleurs chères aux Orientaux. La population masculine de la ville semblait s'être réunie là tout entière, non pour s'agiter, pour se presser comme dans nos villes d'Europe; mais pour s'accroupir sur les bancs de bois extérieurs de leurs cafés de planches, et fumer le tchibouk ou le narghiléh dans un kief éternel.

Nous longeâmes ensuite les remparts, au pied desquels coule une petite fontaine, où bêtes et gens viennent s'abreuver à tout instant du jour. Cette humble eau limpide fut peut-être teinte du sang des chevaliers; et pourquoi ne les rappellerait-elle pas aussi? Tout parle d'eux à Rhodes, que Mgr Mislin nomme le plus intéressant musée du moyen âge. Au moment de notre passage, tout y était admirablement conservé. Les Turcs détruisent peu, mais ils ne relèvent rien, et se font ainsi les complices du temps. Ce sont heureusement les plus inertes des barbares.

Nous passâmes sous une porte précédée d'un pont-levis. Un grand écusson en marbre blanc portait ces mots :

D'AMBOISE. MDI.

Nous étions dans l'enceinte de la ville des Chevaliers; une rue étroite, et pourtant plus large que toutes les rues des villes turques, s'engageait entre le fort Saint-Nicolas à droite et les batteries à gauche, encore garnies de leurs canons de bronze. Les culasses de ces glorieuses pièces portaient l'image de la sainte Vierge, genre de certificat dont il serait difficile de contester l'authenticité. Des pyramides de boulets de marbre s'élevaient encore, prêtes à être lancées sur les infidèles, et les infidèles vainqueurs ne les ont pas touchées depuis leur fatal succès.

Il est difficile de décrire l'émotion que l'on

éprouve en entrant dans cette longue avenue solitaire, où les portiques ouverts semblent encore annoncer l'apparition d'un page ou d'un chevalier à la cuirasse reluisante. Le silence le plus complet y règne; c'est à peine si de temps en temps, au lieu du coursier fougueux ou de l'héroïque soldat du Christ, on voit apparaître un bœuf traînant sa chaîne, ou un pauvre petit enfant du pays qui vient vous offrir de menues monnaies en criant : *Antica, antica!*

Sous les grands portiques sombres de ces anciens palais se glisse un furtif rayon de soleil. Les balcons de bois que les Turcs ont appuyés sur les écussons de marbre blanc, par les grandes ombres qu'ils projettent, rendent l'aspect de cette rue à la fois pittoresque et funèbre. Quand nous y entrâmes, tout un côté était plongé dans l'ombre, tandis que le soleil éclairait d'une vive lumière les murs blancs des maisons opposées; on eût dit qu'il voulût illuminer exprès pour nous ces plaques de marbre, où nous pouvons voir si souvent l'antique fleur de lis et lire le nom de la France. La conservation de ces écussons est très-remarquable; les sculptures semblent ne dater que de la veille, tant les Turcs et le temps paraissent avoir eu de respect pour ces majestueuses ruines.

Vers le milieu de la rue, nous admirâmes une grande niche sculptée en pierre, peut-être autrefois destinée à une statue de saint, et qui aurait pu servir de chaire. Ce délicieux morceau d'architecture soutenait les planches vermoulues d'un pauvre balcon turc. Une femme voilée dans un haillon y respirait cette brise du matin si parfumée de solitude et de mélancolique rêverie, que nous savourions dans ces lieux empreints d'une héroïque grandeur; peut-être n'était-elle pas elle-même étrangère à cette triste et douce poésie de la tombe, image de sa propre vie. Ne voulut-elle pas du moins nous laisser lire dans ses yeux ses secrètes pensées : car elle disparut à notre aspect.

A l'extrémité de la rue on voit encore les restes d'un arceau ogival, sorte de porte qui donne accès sur une petite place dallée, comme la rue, en pierres de galets. Comme au temps des chevaliers, des enfants jouaient sous un arbre séculaire; ils vinrent nous offrir de visiter l'église de Saint-Jean, qui s'élève à la gauche de la place. Cette église, transformée en mosquée, n'est guère plus actuellement qu'une ruine : les voûtes en sont tombées, et les Turcs les ont remplacées par un de ces plafonds à toiles dorées sur solives saillantes dont ils sont si prodigues dans leur architecture. Des tapis sales et usés recouvraient les dalles du sanctuaire, au milieu duquel s'élève une chaire de bois. Au centre de l'église, on voit encore le tombeau du grand maître qui l'a fondée. De bien rares chrétiens viennent prier sur cette tombe, dont le silence n'est plus troublé que par le cri de la chauve-souris ou le frôlement de l'aile du passereau. Nous quittâmes ces lieux désolés, où nous avions presque froid, et nous nous dirigeâmes vers les bazars. Nous y retrouvâmes le mouvement et le bruit de la vie orientale moderne, peu faite pour effacer le souvenir de la rue des Chevaliers.

Un quartier spécial est consacré à Rhodes à l'habitation d'une population juive, d'origine espagnole. Nous fûmes agréablement surpris d'entendre parler la langue du Cid dans ce coin de l'Orient. Cette tribu juive aurait, dit-on, fui au moyen âge les persécutions chrétiennes, ou, ce qui est aussi probable, aurait suivi l'expulsion des Maures de la terre ibérique. Les musulmans et les juifs ne peuvent pas se sentir, et pourtant ils ne sauraiant se séparer. On les rencontre toujours ensemble. On retrouve dans le quartier juif de Rhodes ce type unique que Dieu semble avoir donné comme un cachet de flétrissure à la race déicide. Les hommes d'ailleurs furent seuls coupables; aussi leurs femmes sont-elles restées belles.

La campagne de Rhodes est très-remarquable; la promenade y est rendue quelquefois dangereuse par la grande quantité de serpents qu'on peut y rencontrer, et qui lui avait fait donner par les Grecs le nom d'Ophiusa. Aujourd'hui encore les paysans de Rhodes, pour éviter les morsures des reptiles, sont chaussés de bottes qui s'élèvent jusqu'au-dessus du genou.

La situation de l'île de Rhodes et la fécondité de son sol lui ont fait jouer un rôle très-important dans l'histoire. Elle était célèbre dans l'antiquité par son commerce, sa marine, son agriculture, ses fabriques. Les arts y fleurirent longtemps. Eschine y fonda une école d'éloquence, où Caton, Cicéron, César, Pompée, Brutus, Tibère, etc., vinrent se perfectionner dans l'art de la parole.

Les Perses, les Grecs et les Romains l'avaient possédée tour à tour, lorsque Foulques de Villaret, grand maître de l'ordre de Saint-Jean, chassé de la Palestine par les musulmans, vint y planter, en 1310, l'étendard des chrétiens. Les nobles chevaliers surent la défendre pendant deux siècles contre les attaques de la barbarie. Les barbares ont enfin triomphé, et l'île est devenue, comme tout ce qui appartient aux Turcs, une ruine. C'est à peine si sur quarante lieues de circuit elle contient 20,000 habitants, presque tous Grecs d'ailleurs.

Nous avions quitté la Syrie à Alexandrette; mais à Rhodes nous retrouvions la Grèce pour nous consoler de la vue des Turcs, sanglants parasites de l'Orient, que nous rencontrions partout. Toutes ces belles îles chantées par les poëtes, au lieu de villes célèbres et de poétiques ombrages, n'offrent plus que des rochers toujours majestueux, à la couleur éclatante. Nous entendions un jour, dans son rude mais pittoresque langage, un marin nous dire que l'Archipel n'était ainsi nommé de nos jours que parce qu'il avait été *archipelé* par les Turcs. Mais les parasites, un jour, meurent eux-mêmes sur leur victime. Si les Turcs ont ruiné toutes les richesses matérielles des îles grecques, ils n'ont pu éteindre le patriotisme de ces fières âmes hellènes, qui, après plusieurs siècles d'oppression, retrouvent au jour du réveil leur antique et énergique amour pour la patrie. Saluons, en passant, cette terre grecque, qui inspira à nos pères de si magnanimes dévouements.

Malgré son aridité relative, rien n'est gracieux comme le groupe d'îles que l'on trouve de Rhodes à Smyrne. On dirait un jardin maritime ; ici c'est Kiscilles, là c'est Chio ; plus loin on passe devant la ville de Cos aux antiques et grands souvenirs. Je ne pus pas jeter sans émotion les yeux sur ce petit coin de terre aujourd'hui oublié et jadis si plein de la grande voix d'Hippocrate. Les portiques, les académies ont disparu, laissant à leur place les blanches maisons des Turcs, sorte de fantômes levés sur un tombeau.

Arrêtons un instant notre regard sur ces lieux célèbres, qui furent comme le foyer du sacerdoce médical. La médecine grecque de l'école de Cos, par son union avec la religion, était l'objet de la vénération populaire ; le médecin, loin d'être l'ennemi du prêtre comme il ne l'est que trop souvent de nos jours, était, selon la belle expression d'Hippocrate, un philosophe divin. Le profond sentiment de ses devoirs et de sa dignité lui mérita non-seulement d'être le bienfaiteur de ses semblables, mais d'atteindre à la plus grande somme de vérité philosophique et de conserver les notions de la loi naturelle, en attendant la révélation chrétienne. On sait qu'Hippocrate fut le maître de Platon. Le serment si connu du prince des médecins grecs nous est resté comme expression de la haute dignité du médecin de son temps, et le jeune docteur qui à Montpellier le prononce encore, ne prend pas sans émotion un si grand engagement en de telles paroles, qu'une autre école médicale moderne a cru pouvoir supprimer sans danger : la dignité et la grandeur de la fonction est plus souvent qu'on ne pense la sauvegarde de la fermeté des âmes de ceux qui en sont revêtus. La médecine grecque s'élevait à la hauteur d'une grande fonction sociale, d'un véritable sacerdoce. M. Carle Wescher, membre très-distingué de l'école française d'Athènes, dans un rapport publié dans le *Moniteur universel* du 20 octobre 1863, à propos d'une inscription récemment découverte dans l'île de Carpathos, a donné la preuve de l'autorité dont jouissaient les médecins dans la Grèce antique. « Élus par la cité et payés par elle, les médecins publics devaient leurs services gratuits à la société tout entière. Nous lisons dans l'inscription que Ménocrite soignait avec un égal empressement les citoyens et les étrangers, les habitants de la ville et ceux des faubourgs. Fonctionnaire de l'État, il n'avait aucun salaire des particuliers. Ainsi sont mieux expliqués désormais les passages d'Aristophane, de Platon, de Xénophon, où se trouvent des allusions à ces usages. N'hésitons pas à le dire :

les devoirs moraux du médecin sont retracés dans les considérants de ce décret en des termes qui font honneur à la civilisation antique. L'origine de la médecine chez les Grecs était religieuse; les temples d'Esculape furent les premiers hôpitaux, et ses prêtres, les premiers médecins, les Asclépiades, n'étaient pas, comme on l'a cru quelquefois, une famille, mais une corporation pieuse exerçant, au nom du dieu lui-même, le bienfaisant ministère dont il était le patron. Née à l'ombre du sanctuaire, la médecine antique, en se sécularisant avec Hippocrate, prit dans les enseignements et dans la pratique de ce grand homme un caractère de loyauté scientifique et d'élévation morale qu'elle garda longtemps. Qu'on relise dans la savante édition de M. Littré l'écrit intitulé : *Serment d'Hippocrate*. On verra que cet admirable morceau, à part quelques détails vieillis dans l'inévitable changement des mœurs, peut passer encore aujourd'hui pour le code véritable de la profession médicale. Sans doute les médecins grecs ne suivirent pas toujours les sages préceptes de leur maître, et plus d'un s'enrichit aux dépens de la morale. A Rome, le vieux Caton interdit formellement à son fils la fréquentation des médecins : *Interdixi tibi de medicis*. Toutefois nous voyons par notre inscription que les médecins grecs ne ressemblaient pas à tous ceux que proscrivit plus tard l'austère censeur des mœurs romaines. Plus d'un assurément comprenait comme Ménocrite les devoirs de sa profession, et se souvenait de ces belles paroles contenues dans le serment qu'il avait prêté au seuil de sa carrière : « Je passerai ma vie et j'exercerai mon art dans l'innocence et la sainteté. » Les honneurs rendus à Ménocrite prouvent que les peuples savaient alors, comme aujourd'hui, apprécier le dévouement. » (*Moniteur*, même rapport.)

Ce fut l'éternel honneur de l'école de Cos d'avoir imprimé à la pratique médicale le caractère de sainteté qui l'a immortalisée et en fait aujourd'hui encore comme un modèle idéal. La solitude et le silence ne sont faits autour de cette chaire antique, parce que la grande parole qui la remplissait n'a pas voulu saluer le Dieu inconnu qui lui fut un jour révélé. La médecine cessa de chanter à sa manière les louanges de Dieu, et ne retrouva sur d'autres terres de loin en loin sa grandeur parmi les hommes, que lorsqu'elle se fit la servante de Dieu au milieu de ceux qui souffrent. Toutes les fois qu'elle voulut s'élever au-dessus de cette grande et humble mission, son orgueil n'a laissé que des ruines. Ainsi fut-il de Cos comme d'Athènes. La science qui s'éloigne de Dieu ne mène qu'au néant

L'île de Cos est plus verdoyante que tout ce que nous avions vu précédemment dans l'Archipel, et pourtant ses montagnes sont bien dépouillées encore, malgré la teinte verte et rouge dont elles se recouvrent de temps en temps; mais la beauté pittoresque des îles de l'Archipel est tout entière dans la poésie des lignes, dans les silhouettes majestueuses et chaudement colorées des grands rochers et des montagnes qui se mirent dans l'eau dormante des canaux. Le canal de Scio passe avec raison pour une merveille du monde, qui ne saurait le céder qu'au Bosphore. Il est formé par les Sporades, poétique guirlande d'îles belles encore, qui semblent pleurer en silence leurs splendeurs passées. Comment un chrétien pourrait-il sans émotion passer entre Pathmos et Éphèse?

Près des bords fortunés où la vague aplanie
Expire mollement sous les pins d'Ionie,
La riante Téos découpe les flots bleus.
De bocages mouvants gracieuse corbeille,
Elle semble flotter sur l'onde qui sommeille
Comme on peint d'Apollon le berceau fabuleux.

. . . .

Berceau d'Anacréon, salut, île sereine,
Arbres verts où pendait son luth mélodieux,
Rives qui sous ses pas amollissiez l'arène
Et qui fermiez sur lui vos bois voluptueux.

. . . .

Au sein des mêmes eaux, sur la rive écumante
Que bat à coup pressés l'aile de la tourmente,
Pathmos entend la mer gronder avec fracas.
On dirait, à ses flancs ceints de noires ténèbres,
Que sillonne l'éclair de ses lueurs funèbres,
Un cercueil entouré des flambeaux du trépas.

. . . .

De Jean le bien-aimé, salut, exil sévère
Côteaux dont la rudesse offensait ses pieds nus,
Vous qui lui rappeliez ce chemin du Calvaire
Dont il gravit la pente à côté de Jésus (1).

Depuis notre départ d'Alexandrie, la rapidité des traversées, qui d'ailleurs se font presque toutes de nuit, jointe à la variété et à la richesse des spectacles de la rive, ne nous a guère permis de jeter les yeux autour de nous sur le pont du navire, qui jusqu'en Égypte nous offrait une promenade facile, et qui aujourd'hui est couvert d'hommes, de femmes et d'enfants. L'administration des paquebots a dû modifier son règlement à partir d'Alexandrie. La cuisine n'est plus unique, il n'y a plus de limite assignée aux premières ou aux secondes, le pont est couvert d'une foule immobile et accroupie ; les Turcs

(1) Paul Reynier, *Téos et Pathmos*. « Pour rendre plus complet, dit le poëte, le parallélisme qui fait le fond de cette ode, j'ai adopté l'opinion qui regarde l'antique Téos, patrie d'Anacréon, non comme ville de la côte d'Ionie, mais comme une île voisine de cette côte. »

Il faut lire dans les œuvres de Paul Reynier en entier cette ode magnifique, où il a su rendre en si beaux vers la grâce et la majesté des souvenirs des lieux célèbres que nous traversons.

campent partout, et toujours aussi bien sur le pont du paquebot que dans la grande cité byzantine, qui se lassera bien un jour d'une séculaire insulte. Rien n'est curieux comme l'installation d'un Turc sur le pont d'un navire : il s'établit là aussi complétement qu'il l'est dans sa propre maison. Il y manque de toutes choses nécessaires à un Européen ; mais tout un arsenal de tchibouks, de narghiléhs, de pipes, de coussins, de matelas, de tapis, le suit partout. La formidable artillerie que tout honnête Turc porte accumulée sur son ventre est la seule chose dont il soit forcé de se dépouiller à bord. Les officiers du paquebot ont soin de faire décharger par les propriétaires eux-mêmes les armes, qui, chargées depuis longtemps, éclatent souvent dans cette opération. Toute cette ferraille est déposée dans la chambre du commandant du bord. Toute sa maison et tout son mobilier voyagent avec le Turc ; il n'oublie rien, ni ses pipes ni ses femmes ; rien n'est laissé au logis. Les objets qui ne peuvent s'emporter sont ordinairement confiés à la surveillance publique dans une mosquée ; les femmes se groupent par familles sur le pont à côté du mobilier dont elles font partie. Leur visage est d'autant mieux couvert que leur maître et seigneur est plus près d'elles ;

le voile perd de sa transparence et de sa coquetterie à mesure qu'on s'éloigne de Stamboul. Les plus riches pachas, comme le plus pauvre des fils de Mahomet, voyagent de même; ils couchent sur le pont, à la merci des intempéries de l'air.

Nous avons dit plus haut que dans une de nos traversées de Syrie nous fûmes les heureux compagnons de route de M. Mailand, artiste grand seigneur, et de plus homme de goût, à l'exquise observation de qui rien de beau n'échappait en Orient. Son habile pinceau se préparait à l'étude des grâces charmantes des chrétiennes de Balbek et de Damas, en reproduisant les traits de sauvages bachi-bouzouks druses, que le *Lycurgue* ramenait de Smyrne à Beyrouth. La difficulté avait été grande pour obtenir de ces étranges modèles qu'ils voulussent bien laisser reproduire leurs traits. Mais l'exemple des premiers qui reçurent le *bakchich*, entraîna presque tous les autres, et, dans l'impossibilité où il se trouva de leur faire comprendre qu'ils n'étaient pas tous également beaux, l'artiste fut obligé de se soustraire par la fuite aux croissantes prétentions de ses modèles, dont tout le gaillard d'avant était encombré. Leur burnous à grandes raies noires et blanches était en parfaite harmonie de ton avec leurs visages rudes et cuivrés. Leur vue seule faisait concevoir facilement tout le mal qu'on doit avoir à discipliner de tels hommes : ce sont de vrais sauvages, et qui l'ont bien montré dans cette malheureuse Syrie, où nous les ramenions pour le malheur de nos frères les Maronites.

Une partie de l'arrière du navire était occupée par la famille d'un des petits-fils de l'émir Béchir.

Les émirs maronites, malgré leur très-modique fortune (la Porte a confisqué leurs biens et leur faisait une misérable pension) avaient pris des places de seconde pour leurs femmes, se logeant eux-mêmes sur le pont. On sent l'influence du christianisme dans cette sorte de déférence pour le sexe faible, que n'ont pas les Turcs, qui ne craignent jamais d'exposer leurs femmes à toutes les intempéries de l'air sur le pont encombré de nos paquebots. L'une des femmes des émirs était fort jeune et d'une très-grande beauté. Quand elle et ses sœurs paraissaient sur le pont, elles étaient toujours voilées comme les femmes turques ; mais dans l'intimité elles oubliaient sans scrupule les usages orientaux. La mer les fatiguait beaucoup ;

elles me firent appeler, et je dus à cette circonstance de pouvoir admirer leurs charmants costumes, leurs gracieux visages, et cette grâce nonchalante inconnue de l'Occident, qui caractérise toutes les femmes qu'une certaine aisance préserve en Orient de cette décrépitude hâtive que la misère entraîne avec elle à un degré inconnu en Europe.

La mer devint peu à peu très-grosse, et la nuit tout entière fut remplie par un orage avec pluie diluvienne. Rien n'était triste comme l'aspect des passagers orientaux du pont, mouillés jusqu'aux os ; la situation des femmes surtout était des plus misérables. Le lendemain on fut obligé de leur dresser la tente, et rien ne manqua plus à leur campement. Un rayon de soleil eut bientôt réparé les avaries de la nuit ; les couleurs des costumes orientaux n'en parurent que plus brillantes dans le demi-jour que projetait sur elles la tente aux teintes sombres.

Mais la tempête ne nous quittait pas, et si la veille j'admirais les femmes maronites, je ne pus le lendemain en faire autant pour l'un des émirs, le principal de nos passagers : rien n'était misérable comme la frayeur de ce malheureux. A tout instant il venait nous demander ce que nous pensions du temps, et jamais nous ne parvenions à le rassurer. Harcelé par lui, nous finîmes par lui conseiller de quitter le bateau et de s'en aller en poste. Nous ne pouvions ne pas remarquer que quelques années avaient suffi sous le ciel oppresseur et étouffant de Stamboul pour faire un lâche de cet homme dans les veines duquel coulait pourtant le sang de l'émir Béchir. Je ne nie pas que la première vue d'une tempête n'émotionne rudement ; mais cette peur instinctive ne dure pas, et si elle ne fait pas toujours place à un calme parfait dans le cœur de l'homme brave, elle se change en une émotion continue qui n'a rien de commun avec une puérile crainte et qui n'exclut pas la dignité. Notre émir infortuné n'était ni émotionné ni digne : il était terrifié. Avions-nous là un exemple de cette déchéance morale dont le peuple maronite accuse ses anciens chefs d'être atteints?

CHAPITRE XIV

Smyrne.

C'est le matin au lever du soleil qu'il faut entrer dans le golfe de Smyrne pour en admirer toutes les beautés.

Quand le *Lycurgue* y faisait son entrée le 17 novembre 1854, le soleil s'élevait à peine au-dessus des montagnes de l'Éolide, qui, plongées encore dans la vapeur du matin, entouraient le golfe comme dans un voile de gaze. Le bleu de la mer, qui se confondait sur les rives par nuances insensibles avec la blancheur du brouillard, n'était séparé de l'azur intense du ciel que par les crêtes montagneuses d'un rouge de feu.

De hautes montagnes aux crêtes arides, aux bases verdoyantes, enserrent le golfe de Smyrne, dont les contours bizarres et capricieux forment plusieurs bassins. Nous longeâmes la côte sud en faisant un grand détour pour éviter les bas-fonds du milieu du golfe. Le pouce de Kara-Bournou, ou Tête-Noire, et les montagnes qui dominent la ville, passèrent successivement devant nous.

A midi nous arrivâmes devant le château extérieur ; c'est ainsi que les Turcs nomment une espèce de maison blanche qu'il serait difficile de prendre pour une forteresse, si l'on ne connaissait pas d'avance sa destination. Nous aperçûmes un homme accroupi sur la plage, un fusil était à côté de lui ; on nous dit que c'était une sentinelle turque.

Le golfe était d'un calme admirable ; quelques pauvres barques de pêcheurs fuyaient devant nous et faisaient lever sans cesse des troupes de macreuses et de canards sauvages. Les rapides *sacalèves* des Orientaux étaient immobiles sous leurs grandes voiles flottantes, dont les larges reflets blancs diapraient partout la mer. C'est chose effrayante à voir qu'une telle voilure sur d'aussi petits bateaux, qu'on charge à ce point que sans des toiles tendues au-dessus des bordages l'eau les submergerait ; d'aussi frêles esquifs s'aventurent jusqu'au milieu de l'Archipel.

Notre *Lycurgue* passa majestueusement au milieu de ces mille bateaux manquant de souffle et immobiles, et la belle capitale de l'Asie Mineure ne tarda pas à se montrer à nous. Entourée de hautes montagnes aux masses sombres et imposantes, Smyrne, la tête couronnée de ses verts cyprès et de son château-fort en ruine, mire ses maisons étagées, ses arceaux nombreux, ses minarets élancés, dans les eaux dormantes de son golfe. Ses toits de briques, dont la couleur éclatante est en harmonie avec le vert des cyprès et des pelouses naturelles de la colline, lui donnent un tout autre aspect que celui des villes syriennes : c'est la ville turque, et ce n'est plus la ville arabe; elle est plus pittoresque, mais elle a moins de caractère.

Nous jetâmes l'ancre en plein golfe : Smyrne n'a pas de port. Nous nous rendîmes à la direction des postes, en passant au milieu de plusieurs navires français. Nous débarquâmes sur un escalier de bois qui descend jusque dans l'eau. Le calme ordinaire de la mer a permis qu'on construisît les maisons sur pilotis dans l'eau même. On voit ainsi des cafés, des embarcadères, etc., suspendus au-dessus d'une forêt de pilotis qui se mirent dans les eaux. Il n'y a donc pas de quais à Smyrne. La ville n'en est que plus belle, vue du golfe ; mais cela nuit à son aspect intérieur. C'est surtout de la mer qu'il faut admirer la capitale de l'Asie Mineure. Rien n'est délicieux comme une soirée passée à bord d'un navire en rade de Smyrne. Du côté de la ville, mille lumières se reflètent dans les eaux assombries par les grandes ombres noires de la colline et du château ; de l'autre côté, la lune éclaire de sa douce lumière les villas de Bourlabat, et de loin en loin une blanche voile jette dans les eaux sa vacillante image.

La première chose que l'on cherche à voir dans une ville turque, c'est le quartier des bazars ; c'est là que s'agite cette population si mêlée, si bariolée de l'Orient. Dans des rues étroites, tortueuses et sales, dont le sol boueux et mal pavé est ombragé par des toiles déchirées de mille couleurs, tendues sur des cordes, s'accostent, se pressent et se poussent le musulman à la face grave et stupide, le juif à l'œil faux et vif, le Grec à la moustache noire et au regard fier, le Français au regard ferme et souriant, l'Anglais à l'air dédaigneux et satisfait. Des boutiques aux devantures relevées en forme de toits avancés au-dessus d'une ouverture unique, garnissent chaque côté des rues. Un demi-jour plein des plus charmants effets de clair-obscur règne au milieu de ces singuliers marchés. Çà et là un rayon de soleil, se glissant dans un interstice de la mobile toiture de la rue, illumine tout à coup un groupe aux costumes éclatants, qui se détache en vive lumière sur le fond obscur des boutiques, précieuse disposition pour les marchands, qui profitent ainsi, sans scrupule, des erreurs d'optique de leurs acheteurs peu habitués à l'obscurité. Ceux-ci ne sauraient distinguer les imperfections de leurs emplettes. Au milieu de leurs marchandises, les vendeurs, les jambes croisées, fument nonchalamment leurs pipes en attendant les acheteurs, que les courtiers juifs se chargent d'appeler et de leur amener. Rien n'est curieux comme le manége de ces *honnêtes* intermédiaires pour se faire suivre des Européens. Quand j'arrivai dans la rue des bazars, un juif à la longue robe et à la barbe rouge vint me baiser la main en me disant : « Nous autres, nous sommes vos esclaves, faites de nous ce qu'il vous plaira. » Rien ne peut éloigner ces dévoués serviteurs, quand une fois ils se sont attachés à vos pas, pas même les coups de bâton; leur utilité est d'ailleurs souvent incontestable. Les juifs, en Orient, parlent toutes les langues et font tous les métiers. Ce sont surtout des drogmans et des guides. Ils cherchent à accompagner les Européens chez les marchands, dont ils traduisent les paroles à leur convenance personnelle. Ils ont bien soin, quand ils le peuvent, de faire payer au naïf acheteur le double du prix de l'objet qu'il demande. Ils se sont entendus avec les marchands, qui leur remboursent ensuite tout ou partie de la différence. Ce sont là souvent entre les deux larrons des sujets de longs débats. Vous croyez naïvement que le juif pérore en votre faveur, tandis que c'est sa propre affaire qu'il discute.

Différents quartiers sont affectés à Smyrne aux diverses branches d'industrie : ici c'est le bazar des pipes, là celui des étoffes, plus loin celui des cuisiniers, puis des herboristes, des charpentiers, etc., etc. Nous avons dit l'incroyable pêle-mêle d'hommes et d'animaux qui remplit les rues boueuses des bazars. Les chiens sont surtout plus nombreux que dans aucune autre ville turque ; ils y sont heureusement fort inoffensifs. Le chameau est l'autre animal dont les Orientaux ne sauraient se passer. Les chameaux de Smyrne sont fort beaux ; ils sont couverts de longs poils soyeux qui leur donnent un aspect de propreté que n'ont pas les chameaux d'Égypte.

Il n'est pas de fléau comparable à une caravane pour le malheureux voyageur égaré dans une étroite ruelle de Smyrne. Ce n'est jamais sans effroi qu'on voit s'engager dans une rue où l'on aurait de la peine à marcher trois de front, ces interminables files de chameaux toujours précédés de l'âne habituel. Disons d'ailleurs, à l'avantage des chameaux, que ce sont des bêtes fort pacifiques et qui n'ont pas la moindre malice en tête contre les djiaours. On n'en saurait dire autant des chiens et des hommes.

En quittant les bazars, nous visitâmes le quartier franc, formé par une longue rue étroite, fort sale et mal pavée, qui n'est séparée de la mer que par une rangée de maisons. C'est là que se trouvent la poste, l'agence des messageries impériales et de nombreux comptoirs. C'est le rendez-vous des négociants européens.

A côté des bazars se trouve le quartier turc. Nous nous engageâmes dans une petite ruelle sur laquelle s'ouvrent les croisées grillées des harems, les grandes portes toujours closes des maisons turques. C'est la solitude, la mort après la vie. Les rues turques sont silencieuses et désertes. C'est à peine si de temps en temps une femme voilée ou un chien viennent en troubler le silence. Les rues ottomanes conduisent toujours à un cimetière. Quelle autre direction pourraient-elles avoir en effet? Nous nous trouvâmes au milieu d'une forêt de cyprès gigantesques, dont l'ombre épaisse s'étendait sur des milliers de pierres blanches irrégulièrement placées. Des bonnets de derviches ou des turbans sculptés à l'extrémité supérieure de la pierre, indiquent le rang, le grade, la situation de celui qui repose.

Nous étions tout absorbés dans la contemplation de cette solitude funèbre, quand nous entendîmes une lourde porte crier sur ses gonds. Nous vîmes quatre femmes turques se glisser à travers la porte entre-bâillée; de grands manteaux rouges les enveloppaient de la tête aux pieds; un léger voile blanc, qui laissait les yeux découverts, leur couvrait le visage, mais point assez pour qu'on ne pût le distinguer. Leurs grands yeux noirs tranchaient d'une façon fort piquante avec la blancheur de leur voile de gaze. Deux d'entre elles étaient fort jeunes et fort belles, toutes deux douées d'un embonpoint qui les déparait un peu, mais dont elles devaient être très-fières, puisque c'est pour les Turcs une des beautés physiques les plus admirées. Les deux autres femmes étaient plus âgées et paraissaient êtres les suivantes des premières. Une démarche disgracieuse par sa nonchalance n'est pas de nature à corriger ce que cet embonpoint exagéré donne de vulgarité à l'aspect des femmes turques.

Le cimetière juif est placé à côté du cimetière turc : car dans la mort comme dans la vie le Juif et le Turc ne doivent pas se quitter. Il n'y a pas de cyprès sur les tombes juives, dont les pierres sont gisantes sur le sol. Des inscriptions en caractères hébraïques y sont gravées. Un sentier escarpé traverse ce cimetière. Nous y rencontrâmes un cavalier armé jusqu'aux dents, suivi d'un esclave également armé. Était-ce un brigand? Le bachi-bouzouk ne nous regarda même pas. Nous franchîmes le mur de soutenement qui sépare le cimetière juif du cimetière turc, et nous voulûmes nous engager sous les grandes ombres des cyprès. Des broussailles cachaient partout des ossements desséchés; des pierres brisées placées en désordre, des coiffures sculptées, voilà tout ce que renferme un cimetière turc, dont l'aspect est pittoresque, mais nullement funèbre. Je songeais peu à la mort en visitant sa demeure en Asie; ce besoin de recueillement, cette impression de tristesse méditative que fait à l'âme la vue d'un cimetière chrétien, ne viendraient-ils pas, outre les pensées religieuses qu'elle rappelle, du contraste un peu dur des croix noires de nos tombeaux avec la blancheur des pierres tumulaires, de l'ordre et du mystère des demeures funèbres, ordinairement ornées d'emblèmes ou d'inscriptions qui fixent l'esprit sur la pensée de la mort? Rien de pareil n'existe dans les cimetières turcs, ordinairement placés sur les lieux de promenade et de rendez-vous, au milieu des spectacles les plus enchanteurs de la nature.

Mais les ronces ne rendaient pas notre promenade facile, et nous sortîmes du champ des morts; nous nous engageâmes dans une rue étroite et solitaire, où nous ne rencontrâmes que des chiens et des enfants qui nous reçurent fort mal; les uns aboyaient, les autres nous couvrirent d'une grêle de pierres, qu'ils lançaient fort habilement au moyen de frondes. Nous jugeâmes prudent de revenir sur nos pas.

Du haut du cimetière turc, où nous rentrâmes, la vue est splendide. Le golfe se déroule entouré de ses hautes montagnes, sillonné par mille navires; à droite, la ville s'étend au loin.

Nous nous dirigeâmes vers un petit café turc bâti sur pilotis dans la mer. Nous trouvâmes sur la plage les femmes turques que nous avions rencontrées déjà. Elles étaient accroupies sur le sable, ne disant mot, paraissant contempler la nature; notre présence ne parut pas les effrayer. A l'entrée du café maritime dont j'ai parlé, un autre groupe de femmes se tenaient assises sur une sorte de jetée en planches qui sert de débarcadère aux bateaux de cabotage. Nous nous assîmes non loin d'elles, et mon compagnon de promenade, avec sa hardiesse ordinaire, ne craignit pas d'adresser la parole à la plus âgée d'entre elles. On ne comprit réciproquement que deux mots : *Francèse et Sévastopol*, qui firent tous les frais de la conversation; mais ces deux mots suffirent pour qu'on se quittât très-bons amis. Nous nous fîmes apporter des siéges, du café et des tchibouks. Nous bûmes fort gravement un fort mauvais café sans sucre, nous fumâmes en vrais Turcs la longue pipe, et le garçon du café fut si content de nous qu'il nous jugea dignes d'un concert improvisé. Sur une flûte des temps primitifs, il vint nous jouer des airs du pays.

En rentrant en ville, nous passâmes devant l'hôpital turc. Une sentinelle indigène, qui se tenait accroupie à la porte, se leva à notre vue et nous accompagna partout. Nous traversâmes des salles au rez-de-chaussée et au premier étage sans rencontrer ni lits ni malades. Nous parvînmes enfin à découvrir quelques malheureux étendus dans une petite salle du rez-de-chaussée. Ils étaient en petit nombre et me parurent en grande partie atteints de phthisie. Nous sortîmes bien vite de ce triste lieu, que le doux rayonnement de la charité chrétienne ne remplit pas, sans songer même à tirer de notre poche le sacramentel bakchich.

A la porte de l'hôpital nous retrouvâmes les rouges odalisques dont le pas traînant nous avait donné le temps d'une visite complète. Nous suivîmes un moment la même ruelle ; nous les vîmes enfin disparaître derrière la même porte d'où nous les avions vues sortir. Je poursuivis ma promenade, aimant à laisser aller mon esprit aux réflexions que fait naître un spectacle aussi nouveau pour moi que celui qui frappait mes yeux. Je songeais à la triste existence de ces femmes dont rien ne remplit la vie, lorsque je m'aperçus que mon compagnon n'était plus à mes côtés. Je me retournai et je le vis, les yeux fixés mélancoliquement sur cette porte entr'ouverte, qui était peut-être à ses yeux celle du palais des *Mille et une Nuits*. Mon imagination prêta une lyre à ses mains, un chant poétique à ses lèvres, et je me crus transporté au noble temps des croisades, où les chevaliers troubadours s'oubliaient quelquefois jusqu'à chanter pour des sultanes. Mon compagnon en était là de ses ballades, quand, à la vue d'un affreux Turc armé jusqu'aux dents, il jugea prudent de battre en retraite. Peu de jours auparavant un marin français avait disparu dans le même quartier, et il avait fallu les plus actives recherches faites par ordre du pacha et du consul pour le faire retrouver.

Au-dessus du quartier que nous venions de traverser, le terrain s'élève rapidement jusqu'au château qui domine la ville. De grands pans de murs noircis par l'incendie s'élèvent au sommet de la colline dont les pelouses vertes entourent Smyrne. Repaire d'oiseaux de proie et de brigands, le château de Smyrne est quelquefois un but perfide de promenade. Mon ami M. Mailand, que la splendeur du spectacle absorbait, y faillit être victime de son amour du pittoresque. Attaqué par une troupe d'enfants armés de frondes, il ne dut qu'à une prompte retraite de ne recevoir aucune blessure grave.

Les environs de Smyrne sont ainsi souvent infestés de voleurs ou d'habitants dangereux. Cela dépend surtout du caractère du pacha gouverneur. Le même motif ne nous permit pas de visiter les villas grecques de Bourlabat. Au-dessous du château on rencontre le pont des Caravanes, but de promenade moins dangereux, et qui ne manque pas de charmes. Sous une arche antique, le *Mélès* roule ses ondes transparentes que les canards peuvent franchir à gué. Le majestueux feuillage de cyprès gigantesques supplée à l'absence des splendeurs passées du fleuve devenu ruisseau.

Le quartier grec est à Smyrne une des choses les plus intéressantes à visiter. La longue rue qui le compose ne ressemble en rien aux autres rues de Smyrne. De jolies maisons y montrent de chaque côté des portiques et leurs péristyles de marbre. Notre indiscrète curiosité nous fit souvent jeter un regard furtif au fond de ces gracieuses avenues de cours intérieures, aux murs couverts de pampres et de clématites. De belles Grecques disparaissaient aussitôt; d'autres parfois ne semblaient pas redouter notre présence.

Les chrétiens de l'Orient sont obligés de cacher leurs richesses; tout leur luxe est à l'intérieur. Ainsi, à Damas, des murs crevassés et en ruine cachaient les plus splendides résidences. L'or, qui se cache à l'extérieur, se répand à profusion dans le sanctuaire de la famille, que respectait même le fanatisme musulman avant qu'il se fût greffé sur la barbarie turque.

La manufacture de soie de M. Mathon est assurément une des curiosités les plus intéressantes de Smyrne ; c'est une usine française : n'était-ce pas suffisant pour nous attirer ? Dans une vaste salle deux cents jeunes filles grecques sont alignées sur deux rangs en regard les unes des autres. Chacune d'elles est placée devant un plat de terre dans lequel coule de l'eau chaude destinée à ébouillanter les cocons ; elles rouissent à mesure la soie et l'enfilent dans des filières qui l'enroulent autour de dévidoirs mus par la vapeur. Au milieu de la salle se promènent les surveillantes et les directrices du travail. Ces ateliers de femmes en plein Orient sont fort curieux. Le travail qu'on y admire offre un singulier contraste avec la paresse et l'inutilité de la vie musulmane. En passant au milieu de ces gracieuses ouvrières pour lesquelles nous étions des objets de haute curiosité, nous pûmes nous faire une idée de la beauté des femmes de la molle Ionie. Il est regrettable qu'une maladie des yeux, que le savant médecin sanitaire de Smyrne, M. le docteur Camescas, croit propre au pays, dépare un grand nombre de ces beaux visages. Il est à remarquer d'ailleurs que cette affection ne s'observait guère que chez les ouvrières de la manufacture, et peut-être pourrait-on attribuer aux émanations fétides des cocons et à la vapeur qui se dégage sans cesse de l'eau bouillante dans laquelle les cocons sont échaudés, cette maladie des yeux, qui heureusement cède à quelques soins de propreté ou à un traitement simple et facile.

Au moment où je visitais Smyrne, le choléra sévissait avec une assez grande intensité. Plusieurs des belles ouvrières pleuraient encore un père, une mère, une sœur, morts la veille. Un aspect général de tristesse était répandu sur la gracieuse assemblée, d'ordinaire plus riante et plus gaie.

La grande préoccupation des jeunes Grecques que nous avions sous les yeux, est de trouver un mari, dont elles sont souvent quittées quelques jours après le mariage. Elles reprennent alors leur premier souci; elles en cherchent un autre, et ainsi longtemps : car les mariages grecs se font et se défont avec une égale facilité, grâce au divorce que permet l'Église schismatique, trop tolérante à cet endroit.

Mais cette Église ne serait pas seulement, en partie au moins, responsable du relâchement des mœurs, conséquence du peu de solidité des liens conjugaux ; l'humoristique auteur d'*Eothen* l'accuse de bien autre chose : « Les jeûnes, dit-il, de l'Église grecque produisent un mauvais effet sur le caractère du peuple ; son abstinence n'est pas une plaisanterie : elle est portée à un tel point qu'elle mortifie très-réellement la chair. L'irritation fébrile du corps opère de concert avec l'abattement d'esprit que cause la privation de nourriture, et il en résulte, en effet, quelque excitation religieuse ; mais elle est d'un caractère fébrile et sombre. Il paraît certain qu'à mesure que le Grec fait ainsi de plus grands progrès vers la sainteté, il ressent un désir plus violent de commettre quelque crime bien noir. Le nombre des assassinats durant le carême est plus considérable, à ce qu'on assure, que dans toute autre saison de l'année. » Nous laissons à l'honorable membre du Parlement anglais qui a écrit ces lignes, toute la responsabilité de son assertion.

« L'Église grecque, dit encore l'auteur d'*Eothen*, enjoint aussi à ses fidèles d'observer les fêtes d'un si grand nombre de saints, que de fait elle raccourcit singulièrement leur vie. Toutefois la portion de ces jours réservés qui est consacrée aux exercices religieux, n'est pas fort considérable, et le peuple ne consacre point le reste des heures à des jeux, à des occupations qui fortifieraient le corps, ou donneraient de l'énergie à l'esprit, du développement au goût; au contraire, les fêtes des saints se passent chez les Grecs de Smyrne de la même manière que les dimanches chez les servantes de Londres, c'est-à-dire à regarder sérieusement et patiemment ce qui se passe dans la rue. Les hommes s'acquittent de ce devoir sur les portes de leurs maisons, et les femmes le remplissent aux fenêtres, poste que l'usage leur a si bien réservé en pareil cas, qu'un homme qui se hasarderait à célébrer la fête à une croisée passerait pour un misérable efféminé. J'assistai, un jour, à un traité relatif au loyer de quelques appartements, traité qui se débattait entre Carrigaholt et la femme grecque à laquelle appartenaient les chambres dont il s'agissait. Carrigaholt objecta que les fenêtres ne donnaient point de vue sur la rue. Aussitôt le front de la matrone se couvrit de nuages; elle se tourna vers l'Irlandais avec tout le mépris d'une mère lacédémonienne et lui demanda froidement : « Es-tu donc une faible « jeune fille pour vouloir, de la sorte, t'asseoir « à une croisée et t'amuser à regarder? » Lorsque vous traversez, dans ces jours de fête, les rues étroites de la ville, vous voyez les fenêtres, en forme de balcons, suspendues au-dessus de vos têtes et remplies de chaque côté des belles descendantes de la vieille race ionienne. Toutes (même cette impératrice qui est assise comme sur un trône à la croisée de cette cabane de boue du dernier ordre), toutes sont vêtues avec une magnificence du moins apparente; leurs têtes classiques sont couronnées d'écarlate et chargées de bijoux ou de monnaies d'or : c'est souvent la fortune entière de celle qui les porte (ce mode de placement a du moins l'avantage de permettre à un adorateur de compter aussi bien que d'admirer les objets de son affection); leurs traits ont reçu l'empreinte d'un pinceau hardi, qui fait ressortir l'extérieur des yeux et l'arc des sourcils, et qui prête un éclat surnaturel à ces regards graves et fiers qui percent votre cerveau. »

Mais j'allais oublier, en la compagnie du spirituel voyageur, la promesse que je me suis faite de ne pas ajouter un nouveau portrait à une galerie sans fin; je ne suis d'ailleurs qu'à demi coupable : je n'ai pas l'honneur d'être le peintre du gracieux tableau dont le commencement vient de passer sous nos yeux, et dont on trouvera la fin au quatrième chapitre d'*Eothen*.

Une nuance délicate de la physionomie ionienne semble n'avoir pas été aperçue par l'auteur que nous venons de citer : l'expression, ce que les peintres appelleraient le sentiment de la tête, n'est pas exactement la même chez les Grecs d'Europe que chez leurs frères d'Asie. Les traits qui distinguent les Grecs de l'Ionie de ceux du Péloponèse sont ceux mêmes qui caractérisaient leurs ancêtres : la mâle énergie, la beauté un peu farouche des seconds est remplacée chez les Ioniens par un je ne sais quoi de plus doux, de plus attrayant, de plus voluptueux. Il y a entre eux la différence d'Anacréon et de Pindare : aux seconds le réveil de la patrie, la gloire de verser leur sang pour elle et de reconquérir son indépendance; aux autres, la tâche plus pacifique et peut-être aussi méritoire de l'enrichir, de la fonder dans la paix, de lui donner un éclat qui fait l'honneur des nations civilisées. De la fusion de ces deux races doit renaître un jour la véritable nation grecque.

Cette fusion s'annonce depuis longtemps et elle est même plus facile qu'on ne pense. La philologie elle-même nous fournit un argument intéressant à l'appui de notre thèse (1).

Dans le remarquable rapport que nous avons déjà cité, M. Carle Wescher, membre de l'école française d'Athènes, entre dans d'intéressantes considérations dont nous sommes heureux d'être le premier écho. « Cette partie orientale et méridionale de l'Archipel, dit-il, qui s'étend depuis les côtes de Carri et les rivages d'Halicarnasse jusqu'à l'extrémité occidentale de l'île de Crète, et qui, semée de rochers et d'écueils, fut connue et redoutée des anciens sous le nom de mer de Carpathos, semble avoir été le siége préféré des colonies doriennes. Cette race vigoureuse et vivace y a laissé, profondément empreintes, les marques de son passage. Autant le génie ionien fut mobile, divers, prompt à se transformer, autant le génie dorien paraît grave, constant, tenace. Invariablement fidèle à son culte, à ses lois, à ses mœurs, cette race montra la même obstination à garder son langage. En ces pays doriens, les inscriptions même les plus rapprochées de l'ère chrétienne laissent voir

(1) *Moniteur universel*. 20 octobre 1863.

encore des tracesnombreuses de l'ancien idiome. Cette empreinte locale s'est conservée parfois jusque dans la langue des chrétiens grecs de ces contrées : dans certaines îles surtout elle étonne par son archaïsme et présente, plus qu'en aucun lieu de la Grèce, des mots et des formes d'origine dorique. N'est-il pas curieux et intéressant d'observer des analogies parfois frappantes entre le langage de l'inscription qu'on déchiffre et celui du pauvre raïa qui vous la montre? cette ressemblance des formes dialectiques à deux mille ans de distance ne saurait être indifférente au philologue. Elle prouve mieux que tous leslivresla merveilleuse persistance de la langue grecque, que les changements inouïs survenus depuis vingt siècles dans la politique et dans la religion des peuples n'ont pu abolir et qui garde encore, à travers ses dégradations successives, les marques certaines de la noblesse de son origine et de la permanence de son génie. »

Il ne faut pas croire d'ailleurs que la permanence de certaines races helléniques soit une preuve de leur isolement absolu entre elles. La variété des caractères ne nuisait pas à l'unité du type général, et la ténacité dorienne savait s'allier au besoin à la grâce ionienne par amour pour cette beauté de la forme qui est comme le trait distinctif de la race grecque. C'est là une preuve pour nous des précieux éléments de vie que renferme encore la nation grecque. A propos de la découverte d'un grand décret en dialecte ionien dans la cité dorienne d'Halicarnasse, M. Wescher s'exprime ainsi : « N'est-ce pas chose curieuse que la rencontre d'un monument officiel en dialecte ionien dans la cité dorienne d'Halicarnasse? Hérodote, né dans cette cité, adopta le même dialecte. Hippocrate, originaire de l'île dorienne de Cos, est également un modèle de la prose ionienne. »

Les diverses races grecques savaient ainsi s'emprunter réciproquement leurs meilleures choses. De cette combinaison d'éléments divers excellents doit naître un tout harmonieux dont sortira la grandeur future de la Grèce.

J'ai dit dans quelles douloureuses circonstances nous avons visité Smyrne, et quelle tristesse le malheur public répandait sur la population entière. Nous n'avons donc pas eu la bonne fortune d'admirer le tableau qui charma les yeux du voyageur anglais. Nous avons aussi passé un dimanche à Smyrne, et le plus doux souvenir que nous en ayons conservé est celui de la messe que nous eûmes le bonheur d'entendre dans l'église catholique grecque. Toute la colonie française, ayant à sa tête le consul général, semblait s'être donné rendez-vous.

C'est surtout loin de son pays, sous un ciel étranger, que l'on sent se réveiller au cœur l'amour de la patrie. Nous étions heureux de retrouver là, réunis dans ce sanctuaire, des hommes dont la langue était la nôtre, dont la pensée fuyait aussi bien loin au delà des mers. Notre émotion fut encore augmentée quand nous vîmes un prêtre, revêtu des larges et majestueux ornements propres au rit grec catholique, monter à l'autel. Nous songions à cette admirable unité de la véritable Église, qui, réunissant tous ses enfants devant un même sacrifice divin, sait se conformer par des rits différents aux besoins physiques et moraux de chacun d'eux. Les Français de Smyrne étaient réunis, au pied du même autel, à cette population grecque unie qui forme, dans la capitale de l'Ionie, la partie la plus distinguée de la population chrétienne.

Smyrne, en somme, est une ville grecque plutôt qu'une ville turque. L'islamisme est là encore une superfétation; aussi s'est-il empressé d'appeler Smyrne l'*infidèle*, *Guizour izmir*. La race grecque forme l'élément vraiment actif de la population de Smyrne; les ouvriers des usines sont Grecs, comme le sont aussi les premiers négociants de la capitale de l'Ionie.

CHAPITRE XV

Les Grecs en Turquie.

Il fut un moment de mode, et ce temps n'est pas complétement passé encore, de mépriser les Grecs, et non-seulement de les croire incapables d'une régénération sérieuse, mais de les accuser de tous les vices. On était turcophile, et l'on disait que les Maronites étaient des lâches et les Grecs des brigands. J'ai défendu de mon mieux les Maronites; je ne veux pas oublier les Grecs.

Un publiciste allemand, M. Fallmerager, devenu fils du pays des rêves et des sophismes, a vu récemment brûler son temple d'Ephèse en soutenant qu'il n'existait plus de Grecs. Nous pouvons répondre à cette étrange assertion que dans l'Archipel et l'Asie Mineure, partout en

Orient où le commerce, l'industrie, la civilisation semblent renaître, nous n'avons vu que des Grecs; et l'action de cette noble race ne s'étend pas seulement aux terres qui sont vraiment siennes à l'Archipel, à l'Asie Mineure. Les Grecs ont couvert le monde de leurs comptoirs, et partout ils ont pu être étudiés de près. La colonie grecque a donné à la couronne commerciale de Marseille un de ses plus beaux fleurons; les maisons grecques jouissent dans cette métropole de la Méditerranée d'une réputation d'honneur et de probité égale, sinon supérieure à celle de leurs concurrents des autres nations. Quant à l'importance de ces maisons grecques de Marseille, nous pourrions en citer une qui a reçu plus de 700,000 hectolitres de grains dans l'année 1861. Deux autres reçoivent toutes les soies d'origine perse. Le commerce du Danube, de l'Azoff, de la Turquie, de la Grèce, de la Russie méridionale, est concentré entre les mains d'une aristocratie de maisons grecques qui ont conservé à peu près le monopole de ces immenses exportations, sans se laisser jamais dépasser par des concurrences éphémères. Aujourd'hui, comme jadis, des négociants grecs ont à Smyrne, comme dans tout l'Archipel, le monopole à peu près exclusif du commerce maritime. Un grand nombre des maisons grecques des Échelles ne sont que des succursales de celles de Marseille qui ont établi des comptoirs jusque dans les Indes et en Chine.

Pour donner une idée exacte de l'importance du commerce grec dans le Levant, nous n'avons qu'à citer les chiffres donnés par la *Revue maritime et coloniale* d'après une statistique établie sur les documents fournis par la commission européenne du Danube. Notre pavillon n'est représenté dans le mouvement de la navigation du port de Sulina que par huit navires donnant un tonnage de 1,546 tonneaux. La Grande-Bretagne présente un effectif de 238 bâtiments et de 68,406 tonneaux; l'Italie 152 bâtiments, 19,749 tonneaux; l'Autriche 152 bâtiments, 49,531 tonneaux; enfin comme dans les années précédentes, la Grèce apparaît avec le chiffre énorme de 1,099 bâtiments représentant un tonnage de de 168,974 tonneaux, et la marine marchande des Hellènes joue un rôle important dans les ports de la mer Noire et dans les Échelles du Levant, dit M. de Saint-Amand dans un très-intéressant article sur la Grèce (1). En 1838, la Grèce possédait 3,260 navires ou barques de toute grandeur jaugeant ensemble 88,500 tonneaux.

(1) *Revue des Deux-Mondes*. 1er octobre 1863.

Elle a maintenant 4,000 bâtiments de commerce ou de pêche mesurant 300,000 tonnes et portant 27,000 matelots. En dix-sept années, de 1845 à 1862, les revenus publics avaient augmenté de 68 pour 100. Le mouvement de la marine marchande atteste les sérieux progrès du commerce. Les exportations, qui en 1844 s'élevaient à dix millions de drachmes (la drachme vaut environ quatre-vingt-dix-sept centimes), avaient atteint en 1857 le chiffre de trente millions de drachmes.»

Si maintenant nous voulons, pour rentrer plus complétement dans notre sujet, étudier l'importance de l'élément grec dans l'Archipel, en Asie et partout où flotte le jeune drapeau, nous allons arriver à des résultats analogues, malgré la difficulté qu'il y a ici à se procurer des renseignements précis. La Turquie, en effet, ne tient aucun compte régulier du mouvement de ses ports, de sorte qu'il est impossible de constater statistiquement et comparativement le néant de la vie économique turque. Nous nous sommes adressé pour obtenir les renseignements qui suivent aux personnes les mieux placées pour les recueillir; aussi, sans dire qu'ils soient d'une exactitude absolue, nous pouvons affirmer qu'on ne saurait actuellement en recueillir de plus dignes de foi.

Si d'abord nous ouvrons les recueils statistiques publiés chaque année par le gouvernement grec, nous trouvons que la Turquie représentée par la côte d'Asie (1) que nous venons de parcourir, occupe le premier rang dans les importations en Grèce pour l'année 1859. Les mar-

(1) Nous aurions désiré donner un tableau statistique complet du mouvement commercial grec dans les Echelles. L'absence de documents officiels due à l'incurie turque rend ce travail impossible. Nous sommes heureux de pouvoir, grâce à l'obligeance d'un des membres les plus distingués de la colonie grecque de Marseille, donner le tableau suivant des exportations des deux principales Echelles commerciales du Levant :

EXPORTATION DE CAIFFA pendant l'année 1862.			EXPORTATION D'ACRE pendant l'année 1862.		
	VALEURS.	QUANTITÉS.		VALEURS.	QUANTITÉS.
	fr.	kil.		fr.	kil.
Blés. . . .	955.908	159.318	Blés. . . .	6,566,742	1,094,457
Coton. . .	112,520	56,260	Coton. . .	65,080	32,540
Huile . . .	361,776	361.776	Huile . . .	1,097,280	548,640
Laines . .	34.550	37,640	Laines. . .	190,275	152,220
Maïs. . . .	15,000	6,000	Maïs. . . .	37.500	15.000
Orge.. . .	4,000	2,000	Orge. . . .	114,680	57,340
Savon. . .	1,800	1,800	Savon. . .	3.400	3,400
Sésames. .	821,555	1,643,110	Sésames. .	346.048	692.096
Tabacs . .	10,200	5,100	Tabacs . .	50.000	25,000
Artic. div.	42,000	»	Artic. div.	30,200	»
TOTAUX. .	2,359,309	»	TOTAUX. .	8,501,205	»

chandises de provenance turque représentent à peu près les vingt-trois centièmes de la totalité des entrées. La marine grecque a le monopole presque exclusif de ce trafic. La Grèce demande aussi chaque année à la côte d'Asie des céréales, des bestiaux, des bois de construction, des peaux brutes, de l'huile, des viandes salées, des fruits, des tissus de laine.

Dans le tableau des exportations, la Turquie n'occupe plus que le second rang : l'Angleterre, par sa prodigieuse consommation de raisins de Corinthe, est le plus grand débouché des produits de la Grèce. Sauf cet article spécial, ce sont encore les Échelles, que nous pourrions appeler la Grèce turque, qui absorbent la plus grande quantité des produits helléniques. Ce sont surtout des fruits frais, des vins, des peaux apprêtées, des fromages, du tabac, du miel, des figues et de l'huile. Ce chiffre de 4,017,461 drachmes, qui représente la valeur numérique de l'exportation grecque en Turquie, constitue les seize centièmes de la totalité des sorties du royaume. Le chiffre des importations est de 10,256,316. C'est donc une rente de 6 millions 238,855 drachmes que paye environ chaque année la Grèce à la Turquie. Mais si l'on réfléchit que tout ce mouvement maritime et commercial est entre les mains des Grecs, en Turquie, et notamment à Smyrne et à Constantinople qui figurent pour la plus grande part dans les chiffres ci-dessus énoncés, on voit en définitive que la Grèce n'y perd rien et s'approprie presque toute la valeur créée.

A propos d'ailleurs de cette différence en moins du chiffre des exportations avec celui des importations, on lit les judicieuses remarques suivantes dans le tableau général officiel du commerce grec dont nous avons extrait nos renseignements. « Il y eut une époque où les partisans de la balance du commerce prétendaient qu'une nation marcherait à sa ruine si dans ses échanges avec les autres peuples, elle importait plus de valeur qu'elle n'en exportait; car ils soutenaient que l'excédant des entrées sur les sorties se soldait en numéraire. De là toutes ces dispositions qui prohibaient la sortie du numéraire, tous ces règlements prohibitifs qui avaient pour but d'augmenter les exportations et de diminuer les importations autant que possible, et la tendance à donner à l'appui de la balance du commerce de fausses indications.

Mais aujourd'hui, grâce aux principes popularisés de la véritable science économique, on n'attache aucune importance à la balance du commerce, et l'on voit avec indifférence dans presque tous les États, toute augmentation dans les entrées sur les sorties.

Les nations, outre le bénéfice qu'elles retirent de l'échange de leurs produits, ont encore d'autres ressources, dont il est difficile de calculer exactement l'étendue. C'est ainsi qu'en Grèce, par exemple, la marine marchande d'abord, puis les riches conationaux établis hors du pays, les étrangers, les jeunes gens qui de divers pays viennent étudier à Athènes, et les Grecs qui reviennent de l'étranger après s'être créé une certaine fortune, introduisent annuellement de grandes sommes d'argent. Cependant ce qui pour nous est d'une plus grande importance c'est le profit qui résulte de l'échange de nos produits à l'étranger.

Supposons qu'un propriétaire envoie à Londres, pour son propre compte, cent mille livres de raisin de Corinthe évalués à l'exportation trente mille drachmes, selon les prix du pays, et que cette denrée y soit vendue pour trente-cinq mille drachmes, avec lesquelles, au lieu de les faire venir en argent ou en or, il y a fait acheter des cotonnades et autres marchandises qui en arrivant en Grèce peuvent se vendre pour quarante mille drachmes, dans ce cas, peut-on douter que le propriétaire, et par conséquent le pays même, n'ait gagné par là dix mille drachmes, sans que pour cela on ait exporté un seul centime en numéraire ? Il en est de même de toutes les opérations commerciales qui se font tous les jours : les négociants achètent des produits indigènes; ils les font vendre à l'étranger avec bénéfice, et, au lieu d'un retour en espèces, ils s'en font envoyer l'équivalent en marchandises, qui en arrivant dans le pays augmentent encore de valeur. »

Telle est l'explication que l'on peut donner de l'augmentation de la richesse publique en Grèce constatée ces dernières années par les tableaux officiels, dont nous donnerons ici un résumé. Il suffit de jeter les yeux sur ces chiffres pour se convaincre que le passé de la Grèce est un sûr garant de son avenir.

Agriculteurs.

Il y en avait au début de la Révolution :

	En 1821.	En 1854.
	—	—
Dans le Péloponèse	36,860	64,290
Dans la Terre ferme. . . .	29,850	34,460
Dans les Iles	7,710	10,570
Totaux . . .	74,420	111,320

Terres productives à semailles.

	En 1821.	En 1854.
Dans le Péloponèse (stremmes).	1,474,400	2,580,700
Dans la Terre ferme. —	756,200	911,500
Dans les Iles. —	107,400	158,600
TOTAUX (stremmes) (1).	2,338,000	3,650,800

Production de céréales.

	En 1821.	En 1854.
Dans le Péloponèse. (killots).	3,000,000	5,500,000
Dans la Terre ferme. —	1,680,000	2,980,000
Dans les Iles. —	420,000	670,000
TOTAUX (killots) (2).	5,100,000	9,150,000

Couples de bœufs.

	En 1821.	En 1854.
Dans le Péloponèse.	10,600	22,000
Dans la Terre ferme.	8,800	13,600
Dans les Iles	2,300	3,100
TOTAUX (Couples). .	21,800	38,700

Ces chiffres démontrent surabondamment que, depuis sa naissance, la Grèce a fait des pro-

(1) Le stremme correspond à mille mètres carrés.

(2) Le killot correspond à 4 kilos 1/2 pour huit doubles-décalitres.

grès agricoles comparables à ceux des pays les plus civilisés.

Pour ce qui regarde l'instruction publique, en 1830, après l'arrivée du président, il existait 39 écoles publiques; savoir :

Dans le Péloponèse,	19 écoles publiq.	ayant	765	étudiants.
Dans les Iles,	18	—	1,073	—
Dans la Terre ferme,	2	—	80	—
et autres établissements du gouvernement,		—	160	—
Totaux.	39 écoles.		2,078	étudiants.

Dans l'année 1855, il existait dans tout le royaume de Grèce 88 gymnases et écoles grecques, ayant 183 professeurs et instituteurs. Les étudiants dans ces 88 écoles, ainsi que dans les écoles polytechnique, militaire, ecclésiastique et d'agriculture, étaient de 6,018, ce qui, en proportion de la population de la Grèce, donne un étudiant d'instruction moyenne sur 200 habitants, tandis qu'en France, d'après le relevé officiel fait en 1842 par le ministre de l'instruction publique, M. Villemain, un étudiant de moyenne instruction correspondait à 493 habitants.

Il est aussi à remarquer que, dans la statistique susmentionnée de l'instruction publique, en Grèce, ne sont pas comprises les écoles particulières, ni les étudiants qui les fréquentent, non plus l'Université avec ses étudiants. Ainsi, tout compris, il existe en Grèce aujourd'hui

679 professeurs et instituteurs occupés à instruire

39,981 étudiants
et 4,649 étudiantes.

Les diverses autres professions se composent aujourd'hui en Grèce de

6,280 commerçants,
26,312 marins,
25,542 industriels,
11,149 ouvriers,
274 médecins,
252 avocats.

Ce qui précède suffit au moins à démontrer qu'entre les Grecs et les Turcs les rôles sont maintenant changés. Ceux-ci ont vécu comme des parasites durant de longs siècles du sang et de la sueur des Grecs, sans leur rien rendre et en s'épuisant eux-mêmes sur leurs victimes. Les

Grecs de nos jours, au contraire, s'enrichissent en créant la richesse dans les pays qu'ils exploitent. Toute la vie maritime et commerciale des Echelles leur appartient en partie, et si, dans un avenir plus ou moins éloigné, le roi des Hellènes règne sur ces belles contrées de l'Asie Mineure que nous venons de parcourir, jamais conquête n'aura été plus légitime, jamais bien mieux acquis ou plutôt plus noblement recouvré.

Si maintenant nous abordons le côté moral de la question, nous rencontrons d'abord une vieille réputation de fourberie que nous croyons sans base solide ; disons au moins que ce souvenir du Bas-Empire est bien vieux, et que dans tous les cas il serait injuste de faire peser sur toute la race grecque le souvenir séculaire du ressentiment des croisés. Constantinople ne fut jamais la Grèce et n'a pas été arrosé du sang hellénique comme le Péloponèse, l'Archipel, l'Asie Mineure. Ceux qui préférèrent verser leur sang plutôt que d'obéir ne furent jamais des fourbes. Rappelons-nous cette belle parole de Chateaubriand : « Le mépris n'est plus permis là où se trouve tant d'amour de la liberté et de la patrie ; quand on est perfide et corrompu, on n'est pas si brave. »

Dans la pratique commerciale séculaire les

faits donnent un éclatant démenti à l'accusation dont il est question.

Il est de tradition à Marseille que les marins provençaux d'autrefois n'écrivaient jamais aucun traité de commerce dans les Échelles du Levant. Tout se payait ainsi, et des sommes d'argent, petites ou grosses, s'envoyaient d'un point à un autre sans que jamais aucun acte eût servi de garantie contre une mauvaise foi possible, mais alors inconnue. Un tel état de choses faisait honneur à tous, et j'ai la douleur d'affirmer, parce que je le tiens de vieux marins qui purent voir le bon temps jadis, que les premiers trompeurs furent les trafiquants de l'Occident et les premiers trompés furent les Levantins. Le progrès des idées modernes a amené ce changement : on ne jure plus de nos jours sur l'Évangile d'être fidèle à ses engagements et de ne pas tromper, et l'on oublie de confier à la grâce divine le navire qui part; une feuille de papier a remplacé dans la conscience des hommes le regard de Dieu, et l'antique bonne foi a disparu; qui faut-il accuser? et s'il faut désigner un coupable, le Grec l'est-il plus que le Franc?

Pour être parfaitement exact, il faut dire que le premier coupable qui porta atteinte à la sûreté des relations financières en Orient fut un Turc. Jusqu'à l'arrivée du pacha Djezzar à Saint-Jean d'Acre, les transports d'argent se faisaient comme nous venons de le dire, par voie maritime, ou souvent aussi par voie de terre. Des cavaliers tartares faisaient ce service, et la bonne foi des négociants levantins était telle que le cavalier, en arrivant à destination, se bornait à jeter à terre pêle-mêle les *groups* (sommes d'argent) dont il était chargé. De simples étiquettes indiquaient les destinataires qui, à l'arrivée de chaque courrier, allaient chercher eux-mêmes au milieu d'un monceau de petits sacs d'or et d'argent, celui qui lui appartenait. Le même courrier rapportait d'ordinaire et de la même façon les impôts et les tributs de la côte asiatique à Constantinople. Un jour on entendit dire que le cavalier tartare avait été tué et dépouillé par des voleurs. Le même fait se reproduisit malgré les recherches et les sévérités apparentes de Djezzar pacha, qui plus tard fut reconnu pour l'auteur de ces lâches attentats. Quand on sonde en Orient un peu profondément une plaie sociale, on est toujours sûr d'avance d'y trouver le Turc.

On a fait grand bruit encore, il y a quelques années, de l'antipathie des Grecs pour la France, et l'étrange succès d'un livre dont l'ingratitude de l'auteur eût dû faire contester la portée, ne contribua pas peu à répandre cette erreur. Si les Hellènes ont semblé, au moment de la guerre de Crimée, tenir vis-à-vis de la France une conduite douteuse et ont paru se rapprocher de la Russie, ayons égard aux intérêts mal compris d'un peuple né d'hier à la vie politique. Un Hellène distingué et placé de façon à juger impartialement la situation me disait récemment qu'on ne comprit en aucune façon à cette époque la tentative de soulèvement des Grecs. On crut y voir un complot russe, et c'était un pur élan de la nation, qui crut sans arrière-pensée pouvoir profiter des embarras de la Turquie en ce moment pour recouvrer les terres grecques de la Macédoine qu'une politique méfiante laissa malheureusement jadis entre les mains des Turcs. Le moment était aussi mal choisi que possible; la conduite des Grecs put et dut être jugée comme un acte d'hostilité contre la France et l'Angleterre et une intervention en faveur de la Russie. Mais si j'en crois la personne très-digne de foi et très-bien renseignée que je cite, le mouvement qui étonna l'Occident à cette époque n'avait de racine que dans un patriotisme populaire, dont l'impéritie politique égalait l'ardeur. Il n'attendait rien de la Russie et ne s'adressait qu'à la Turquie dont il ne comprit pas suffisamment la solidarité avec les alliés. Que les intrigues russes y aient poussé, cela n'est pas douteux; mais sans le mobile dont je parle, elles fussent demeurées stériles. Qui d'ailleurs est plus digne d'indulgence que ce petit peuple tiraillé en tant de sens contraires par de puissants sauveurs, qui, la France exceptée, n'ont pas cessé de convoiter et de jalouser cette jeune liberté qu'ils regrettent d'avoir fondée. La France seule, en dépit du parti qui à Athènes ne voulait vivre que par elle, n'a jamais cessé de conseiller aux Grecs de vivre d'eux-mêmes et de se méfier des influences étrangères. Comment ne pouvait-elle pas être aimée, elle qui seule donnait un concours généreux? Un poëte populaire, dont les chants « sont redits dans tous les villages et sur tous les chemins de Grèce par les aveugles qui mendient, par les klephtes qui chassent, par les pâtres nonchalants qui rêvent, » M. Rhangabé, a tracé un poétique tableau des tiraillements douloureux de sa patrie. Il existe dans une de ses pièces, *les Noces de Koutrouli*, un chœur célèbre, celui *des influences*, où le poëte prête un ingénieux langage à l'Angleterre, à la France et à la Russie, promet tour à tour leur appui à un Grec ambitieux. C'est d'abord l'influence russe qui parle : « O toi (1) qui as mis un pied tremblant sur l'échelle du pouvoir, je te tends la main. Ne cherche pas d'autres secours. Géant couché sur les glaces, ma puissance embrasse le levant et le couchant, l'astre populaire est un diamant de ma couronne, mon pas fait craquer les glaciers de l'Oural, et mon souffle fait naître les tempêtes hyperboréennes. L'hiver aux sourcils neigeux veille aux portes de mon empire et en ferme l'accès; les portes laissèrent un jour passer les braves de l'Occident, mais elles se refermèrent sur eux et ils restèrent ensevelis sous un linceul immense. O mortel épris de la gloire, à genoux! adore et chante *Hosanna!* Baise le talon de ma sandale! tends ton dos courbé, afin que le knout, aux angles crochus, y découpe d'étroites lanières! à ce prix je te donnerai la puissance, tu seras le pasteur des peuples, tu posséderas l'émeraude et le saphir asiatiques, des ruisseaux d'or jailliront autour de toi. »

(1) Traduction tirée de la *Revue des Deux-Mondes*, 1er octobre 1863.

Vient ensuite l'influence anglaise. « L'Océan écumeux, dit-elle, porte la terreur de mon nom jusqu'aux limites de l'onde. Partout où la tempête déploie sur mer ses ailes humides, mon étendard flotte et resplendit comme un météore. Le Léviathan, monstre terrible, est mon serviteur; il couve le feu dans son sein et vomit la fumée; il dompte pour moi les flots pressés contre ses flancs nerveux, j'ai mes villes fortes jusque sur les confins du monde; le canon proclame de sa voix d'airain mes lois protectrices. La panthère indienne rampe à mes pieds. J'ai asservi la matière et imprimé à la nature le sceau de mon intelligence. La liberté est à moi, elle siége à mes côtés. Heureux mortel! soumets avec reconnaissance tes épaules à un joug protecteur; tu seras esclave, je serai libre; tu seras le pygmée, moi le géant, et si tu refuses les avantages de mon protectorat, je cours sur toi, boxeur invincible, et, les poings fermés, je t'enseignerai une sage soumission. »

L'influence française parle la dernière, et son langage est l'expression des sympathies du poëte et de ceux qui redisent ses chants : « Semblable, s'écrie-t-elle, au papillon qui vole de fleur en fleur, et qui aspire le parfum des uns, la rosée des autres, je m'élance vers tout ce qui est noble, grand et généreux. Je suis parfois aussi le coq ami des batailles : alors, debout sur les promontoires, je bats des ailes, j'annonce l'aurore aux peuples endormis, je leur chante l'hymne du réveil. A ma voix les nations tressaillent et ressentent le frisson de la liberté. Donne-moi ta foi, je te donnerai en retour la torche qui dissipe les ténèbres de la superstition, une *religion d'espérance et non de crainte*, une philosophie souriante, le fil d'Ariane enfin qui conduit à la liberté. »

Telle est la vérité pratique poétiquement et populairement exprimée par un grand poëte contemporain, aimé de ses compatriotes. C'était une joie pour notre oreille sympathique, il y a quelques jours à peine, d'entendre les mêmes choses exprimées par un des négociants grecs les plus distingués de Marseille. Il est un fait d'ailleurs qui vaut à lui seul tous ces arguments. Est-ce dans les colléges anglais ou russes qu'il fallait chercher et qu'il faut chercher encore les fils des plus nobles et des plus riches familles grecques? C'est avec les Zizinia, les Rodokauski, les Robi, les Schillizzi, les Wlasto, etc., que j'ai appris, au lycée de Marseille, les premiers éléments des lettres humaines, et c'est avec plaisir que je me rappelle nos sympathies d'enfants pour ces jeunes étrangers, que nous aimions comme des frères et dont nous n'enviâmes jamais les éclatants succès scolaires.

Comme leurs frères du continent européen et des îles, les Grecs de l'Asie Mineure ont conservé à la France une sympathie fidèle. Un jour que nous nous promenions avec quelques officiers français dans un bazar de Smyrne, un homme s'élança de l'antre qui lui servait de boutique et, se précipitant sur nous, nous couvrit de ses embrassements. Après nous être dégagés avec peine de ses étreintes, nous apprîmes de notre assaillant qu'il avait fait avec nous le voyage de Beyrouth. Comment pouvait-il laisser passer indifférent des officiers français dont il avait été le compagnon de voyage! Ce pauvre marchand grec avait été en effet un des passagers de quatrième classe du *Lycurgue*, et nous n'avions pas gardé de lui un souvenir aussi fidèle que le sien. Nous dûmes le suivre dans sa maison, fumer le tchibouk de l'amitié, boire la tasse de café consacrée, et, ce qui nous fut plus agréable encore, écouter ses enthousiastes marques de sympathie pour notre patrie. C'est du côté de la France que les Grecs de l'Ionie, comme les montagnards de Liban, cherchent sans cesse le rayon libérateur : ils savent d'instinct et d'expérience que seule la France, parce qu'elle est catholique, se bat pour une idée et sait toujours placer ses intérêts au-dessous de ses devoirs.

Tout ce qui précède nous semble prouver suffisamment et de façon à convaincre les plus incrédules que les immenses progrès, tant matériels que moraux, qu'ont faits les Grecs depuis l'époque glorieuse où ils ont secoué le joug des Turcs, dépassent ceux qu'ont faits, toute proportion gardée, les nations les plus civilisées dans le même espace de temps. Ces progrès sont, en effet, sans exemple dans les annales des peuples, si l'on considère que les Grecs sortaient d'un joug qui a duré plus de quatre siècles, et d'une révolution destructive qui a duré plus de dix ans. A son arrivée en Grèce, le Président trouva presque un désert, les terres sans culture, les villes et les villages en ruine, l'anarchie et le désordre partout. Un peu plus de trente ans, au milieu de difficultés sans nombre, ont suffi aux Grecs pour qu'ils se fassent noblement leur place dans le monde, et pour compter parmi les nations. Bien des choses restent à faire encore assurément, mais quelle est la nation qui sans déchirement ait cherché sa voie? L'enfantement de la Grèce est-il comparable à ceux de l'Angle terre et de la France modernes ! Admirons donc sans réserve ce petit peuple affranchi d'hier, et qui, malgré les entraves apportées à son essor par une diplomatie défiante et jalouse, a su mériter sa délivrance et couvrir de son jeune drapeau toutes les mers, en attirant à lui les richesses du monde. Les Grecs sont dans l'Archipel et en Asie Mineure ce que les Maronites sont en Syrie ; ils constituent l'unique élément actif, intelligent, vraiment vivant de la population. Leurs longues souffrances ne les ont pas rendus indignes de l'avenir, qui sur la terre qu'ils vivifient n'appartient qu'à eux. Si la Turquie d'Europe doit appartenir un jour à ses véritables habitants, les Bulgares et les Slaves Serbes, Bosniens et Monténégrins, l'Asie Mineure et l'Archipel doivent tout attendre de la race grecque.

Mais que notre sympathie pour la jeune Grèce nous permette en finissant de lui donnerdes conseils, après lui avoir prodigué de sincères éloges. Dussions-nous réveiller la plus cuisante de ses blessures, nous lui répéterons ce que d'autres amis plus autorisés que nous lui ont déjà dit et lui diront encore : Il ne peut être douteux pour aucun spectateur impartial que l'avenir de l'Orient ne soit entre les mains de la race hellénique ; mais si la Providence donne à certains hommes comme à certaines nations de grandes missions, elle ne les impose jamais. La liberté est la source de l'amour, et Dieu veut que tous les ouvriers qu'il appolle à sa vigne conservent le mérite de leur travail par la libérté complète qu'ils ont de lui refuser leur concours. Les Grecs peuvent donc ne pas accepter la sublime mission de civiliser l'Orient. Mais à cet égard nulle incertitude : la générosité du jeune peuple égale son ambition et ses agitations mêmes témoignent de son impatience d'entrer dans la voie que lui trace la Providence et dont mille entraves lui embarrassent l'entrée. Mais il ne suffit pas de s'engager dans la voie, il faut savoir ne pas s'écarter de sa vraie direction, et c'est ici que nos inquiétudes commencent. Deux choses en effet frappent maintenant en Grèce les yeux amis : l'état du schisme et une recherche de la richesse trop exclusive de la part de la classe la plus intelligente de la nation. C'est l'influence russe donnant la main à l'influence anglaise. Le schisme grec a fait ses preuves dans l'histoire ; il a appris aux patriarches de Constantinople à ne pas être des martyrs, et il a fait des Grecs de Byzance les serviteurs humbles et trop utiles de la puissance turque. En Russie, il a produit ce prodigieux isolement au milieu des nations civilisées d'un pays immense, qui gémit sous un joug d'autant plus lourd qu'il a la prétention d'être divin. Ignorance, ou fanatisme stérile, immobilité dans un monde religieux comme figé par la glace; asservissement en bas, despotisme en haut, tels ont été les fruits du schisme d'Orient, dans l'histoire et dans le présent. Par sa séparation du tronc seul vivificateur, le schisme grec ne portera plus de fruit de vie et d'amour parmi les peuples. Il est une lampe éteinte, qu'un retour sincère à l'unité catholique seul peut rallumer. Le danger de l'absorption religieuse et politique est nul du côté de l'Occident, et le pape ne sera jamais le tyran des Grecs. En pourrait-on dire autant du czar? La façon dont celui-ci traite ses sujets Ruthènes, Polonais, Lithuaniens, permet aux Grecs d'apprécier la conduite future de la Russie à l'endroit de toutes les nationalités qui pourront venir s'engloutir dans son sein. Or, après la désolation de la Turquie, la Grèce schismatique, si elle n'est pas absorbée par la Russie, entrera immédiatement en lutte contre l'envahissement moscovite, dont le flot ne cessera jamais de la battre? La Grèce, isolée de l'Occident par sa politique et sa religion, serait sans force devant un pareil danger. Mieux vaudrait pour elle encore conserver le voisinage de la

Turquie, qui, barrière protectrice, la défend contre l'ardeur des embrassements de la Russie.

L'indifférence religieuse absolue ou l'imitation de l'Angleterre dans sa recherche exclusive de la richesse matérielle, seraient-elle pour la Grèce des voies plus sûres? l'égoïsme britannique, que nulle pensée religieuse supérieure ne comprime ni ne dirige, a-t-il fait aimer l'Angleterre dans le monde? Partout où les Anglo-Saxons se sont établis, ils ont opprimé ou détruit les races indigènes, pour s'enrichir. Le monde a été mis en coupe réglée, les plus habiles exploitations ont accumulé dans une petite île du monde les richesses de l'univers. Est-ce ainsi que la mission de la Grèce en Orient doit être comprise? encore faut-il posséder déjà une puissance matérielle énorme pour pouvoir jouer un rôle semblable à celui de l'Angleterre. Si celle-ci était restée catholique, est-il bien sûr qu'elle eût compris de même sa grande mission. Elle l'a faussée assurément, et si le monde n'est pas déjà presque entièrement chrétien, peut-on douter que l'Angleterre n'en doive rendre un jour compte à Dieu? Quel usage a-t-elle fait des admirables dons de la Providence? et quel fruit a porté son apostolat? Elle est redoutée dans toutes les mers du monde; partout l'or remplit ses coffres, et la fabrication de bibles stériles a enrichi des milliers d'imprimeurs; mais, comme la Russie, l'Angleterre n'est aimée nulle part, parce qu'elle n'aime pas elle-même. Partout elle est défiante et jalouse. Oubliera-t-elle vis-à-vis de la Grèce riche et prospère ses vieilles craintes de rivalité maritime. Trop de raisons matérielles et l'étroitesse de vue qui caractérisent le protestantisme, imposent d'ailleurs à l'Angleterre le dévouement à l'islam. Elle n'aime plus assez Jésus-Dieu pour ne pas le sacrifier à Mahomet, quand ce qu'elle croira être ses intérêts l'exigera. La Russie ni l'Angleterre ne seront donc jamais pour la Grèce des alliées fidèles ni de sûres conseillères. La France seule peut tenir aux Hellènes un langage désintéressé, parce que seule elle a le bonheur de posséder une religion de dévouement et de sacrifice, qui promet à sa mission d'autres récompenses que celles du monde. Nos diplomates parfois peuvent oublier que la France est la fille aînée de l'Église; mais ils ne cessent point d'être inspirés, même à leur insu, par cette religion divine qui seule sait donner aux peuples la paix et l'amour. L'Église et la France, voilà les véritables alliées de la Grèce future, qui seules peuvent lui ouvrir les portes de l'avenir. Puisse la Grèce éviter un isolement fatal, par un retour sincère à l'union catholique, qui seule peut lui donner l'empire des cœurs. Puisse-t-elle aussi imiter la France, en n'oubliant jamais que les richesses de ce monde ne sont que des instruments de la grandeur morale des nations et des moyens que la Providence prodigue pour atteindre un but plus élevé.

Le schisme ne peut pas seulement, en résumé, conduire la Grèce à un dangereux isolement, mais à l'absorption russe ou à la satiété égoïste dans la jouissance matérielle, comme l'Angleterre protestante. Le catholicisme seul, en lui donnant l'apostolat de l'Orient, peut asseoir son trône sur des bases éternelles.

CHAPITRE XVI

Constantinople.

Les hasards de la vie maritime, quand nous quittâmes Smyrne, nous firent passer par les côtes de Grèce pour aller à Constantinople. Le vieux *Lycurgue* était retourné à Marseille, où l'attendait la fin de ses fatigues, et le *Philippe-Auguste*, élégant paquebot en fer, destiné au service du transport des blessés militaires et des dépêches dans la mer Noire, nous avait reçus à son bord. Après une série de tempêtes et de jours sombres, un magnifique soleil levant éclaira un beau matin à nos yeux le cap Matapan. Nous passions si près des côtes que nous pûmes à notre aise, devant ces rochers arides et solitaires que la gloire et les hommes ont abandonnés, nous livrer à cette rêverie douce et triste que semble imposer toujours à l'âme la vue de tout ce qui rappelle de grandes gloires éteintes. La mer et le ciel sont seuls demeurés fidèles à ce cap Ténare, dont on pourrait dire comme du Taygète :

... virginibus bacchata Lacænis.

La mer seule vient gémir sur ses pierres, qu'elle caresse encore de sa blanche écume, et son bruit lointain semble un écho funèbre et perdu des chants des vierges de Laconie.

Après avoir traversé les eaux du cap Saint-Ange et du golfe de Messénie, nous arrivâmes à Syra, la plus importante des Cyclades, l'ancienne Syros. La ville, située à l'est de l'île, ressemble à un grand triangle de craie appliqué sur des rochers gris et rouges. C'est le piédestal d'une église dont la silhouette blanche semble s'élancer dans le ciel bleu. La ville est propre, inondée de lumière, sans grand caractère d'ailleurs. Les costumes grecs y font seuls un charmant effet. Les larges fustanelles blanches, les vestes brodées, les *tarbouchs* rouges, tranchent à merveille sur le blanc étincelant des constructions. Ce n'est pas sans une certaine émotion classique qu'on retrouve sur des enseignes, et au coin des rues, ces lettres grecques qui semblent n'avoir été inventées que pour écrire la langue d'Homère ou d'Anacréon. 'ΟΔΟΣ 'ΕΡΜΟΥ, c'est le premier mot qu'on lit au coin de la première rue de la première ville que l'on visite en arrivant en Orient. Mais ce n'est là qu'un souvenir : car, grâce au vrai Dieu, les Grecs n'en sont plus au culte de Mercure, et ils se calomnient eux-mêmes, comme nous l'avons montré plus haut, en semblant garder le patronage de ce dieu trop peu scrupuleux du commerce.

Le sol de l'île de Syra est généralement aride. Aussi la population ne se composait-elle autrefois que de quelques milliers d'individus qui, ne faisant aucune espèce de commerce, étaient confinés dans ce qu'on appelle aujourd'hui la ville haute, où ils vivaient misérablement. Durant la guerre de l'indépendance, Syra, protégée contre les entreprises de la flotte turco-égyptienne par les escadres de la France et de l'Angleterre, devint le refuge de tous les Grecs de l'Archipel qui purent fuir la vengeance turque. La ville neuve, nommée Hermopolis, réunit aujourd'hui environ 30, 000 âmes sur un point où, en 1820, il n'y avait que quelques cabanes. Des Grecs originaires de Scio forment la partie la plus active de la population. Ils ont fondé des maisons de commerce importantes et ont des relations très-étendues avec tout le Levant, Trieste, Marseille et Londres. Le commerce de Syra ne saurait d'ailleurs être qu'un commerce d'entrepôt et d'importation pour les besoins de la population : car l'île, l'une des plus stériles des Cyclades, n'offre que très-peu de chose en échange contre les produits étrangers. L'industrie manufacturière de Syra est presque nulle, Elle consiste presque exclusivement en fabrication de pâtes, en clouterie et en tanneries. Les constructions navales ont absorbé, dès l'origine récente d'Hermopolis, l'industrie des nouveaux habitants. Les auteurs du *Dictionnaire du commerce* disent qu'il y a vingt ans les chantiers de Syra lançaient déjà à la mer une centaine de navires par an. Cette proportion s'est beaucoup accrue depuis : la marine syriote emploie aujourd'hui plus de 4,000 marins. On lit dans le tableau général du commerce de la Grèce pour 1859, publié par le gouvernement grec, que le port de Syra est le plus important du royaume, tant pour le nombre que pour la capacité de ses navires ; il compte 623 bâtiments, dont la jauge totale est de 96,225 tonneaux.

Durant les quelques heures que je passai dans les rues de Syra, je fus, comme à Smyrne, assailli subitement par un grand géant de grec, qui se précipita sur moi pour me marquer la reconnaissance qu'il me gardait de quelques soins donnés à sa femme à bord du *Lycurgue*. Ce brave homme, qui ne savait comment m'exprimer le bonheur qu'il avait à me revoir, voulut nous montrer toutes les pauvres merveilles de sa ville natale, et son excès d'amour faillit nous y retenir prisonniers du vent, qui nous laissa à peine le temps de retourner à bord.

Quand on débarque dans une ville orientale pour quelques heures seulement, sans vouloir y séjourner, il faut se hâter de voir le plus de choses possible. Les caprices de la mer Egée sont tels qu'ils ne vous permettent pas toujours de quitter le bord une seconde fois. Rentrés pour déjeuner, nous fûmes retenus prisonniers par la mer et forcés de passer la journée à contempler les moulins d'ailleurs fort curieux de Syra. Ils ressemblent à des roues hydrauliques horizontalement placées. Le vent les meut comme le ferait un courant d'eau.

Nous eûmes le regret de traverser la nuit la partie de l'Archipel qui nous séparait des Dardanelles Nous fûmes assaillis par un violent orage, et les îles poétiques de la mer Egée ne se montrèrent à nous qu'à la lueur des éclairs. Nous avouons ne pas les avoir assez bien vues pour les décrire.

Deux heures à peine séparent la ville des Dardanelles de Gallipoli. Ce détroit, l'ancien Hellespont, offre l'aspect d'un grand fleuve coulant du nord-est au sud-ouest dans une longueur d'environ 13 lieues. Sa moindre largeur est de 1800 mètres; ses eaux profondes sont désertes quand le vent souffle dans une direction autre que la sienne; quand, au contraire, le sud-ouest ou le nord-est règne, des milliers de navires, venant dans le premier cas de l'Archipel, dans l'autre de Constantinople, encombrent à ce point le canal que de nombreuses avaries sont la conséquence des chocs des mâtures et des carènes, qui se touchent presque. Les rives de l'Hellespont sont arides et peu pittoresques.

La position de Gallipoli est charmante, comme celle des Dardanelles. C'est encore une ville orientale, qui mire sa brillante et pittoresque misère dans les eaux d'un bleu profond comme le ciel. Mais l'orage n'était pas dissipé complétement encore, et le soleil manquait au charmant tableau exposé devant nous. L'Orient ne peut pas se passer de lumière : elle seule lui donne la vie que les hommes lui refusent; elle seule le pare et le poétise. La ville intérieure offre, comme toutes les villes turques, ce bizarre assemblage de maisons en bois situées pour ainsi dire les unes sur les autres, donnant lieu aux plus singuliers contrastes de lignes et de couleurs. Nous parcourûmes des ruelles infectes, obscures, brisées en mille sens, qui n'offraient rien de gracieux et qui pourtant s'illuminaient parfois tout à coup, quand elles servaient de fond à de jolis groupes d'enfants ou de femmes, dont les brillants costumes scintillaient à nos yeux comme des pierreries dans la nuit. Nous arrivâmes au bord de la mer, où le flot couvrait sans cesse de son écume blanche quelques carcasses immondes, après lesquelles s'acharnaient deux ou trois chiens maigres.

La mer de Marmara offre l'aspect d'un lac immense, dont on aperçoit presque de tous côtés les rives, mais de trop loin pour en distinguer les détails. La petite mer intérieure se resserre tout à coup, et les yeux ravis s'arrêtent sur l'embouchure du Bosphore, dont la rive gauche, couverte par les palais dorés du vieux sérail, jette de longs reflets d'or dans les eaux. La rive droite s'élève en étages sous la riche verdure qui entoure Scutari jusqu'aux cimes de l'Olympe de Bithynie. Les îles des Princes, au-dessous de ce splendide paysage, se mirent dans la Propontide comme un gracieux troupeau de cygnes gigantesques.

Constantinople, capitale actuelle de l'empire turc, est bâtie sur un triangle formé par une pointe de terre sur la côte européenne de la mer de Marmara, à l'endroit où commence le Bosphore. Sa population, en y comprenant celle des faubourgs de Galata, Péra et Scutari, s'élève à 800,000 âmes (1) environ. Placée au point de jonction des deux détroits qui unissent l'extrême Orient à l'Occident, Constantinople occupe une situation incomparable, tant au point de vue militaire qu'au point de vue commercial. Le port est une sorte de golfe très-profond et étroit, auquel sa forme allongée et arrondie a fait donner le nom de Corne-d'Or, parce qu'il reçoit en effet à leur arrivée toutes les richesses du monde. Il sépare Stamboul, la ville turque, des faubourgs de Galata et de Péra. Les plus grands vaisseaux de guerre y ont accès, et il peut contenir plus de mille navires. Le sérail est bâti à l'extrémité de la pointe qui n'est séparée de la côte asiatique, où se trouve Scutari, que par une distance d'environ 1400 mètres. Près de celle-ci on a bâti un phare auquel on donne à tort le nom de tour de Léandre, qui,

(1) Nous empruntons ce chiffre à la statistique publiée en 1849 par le T. R. Père Borée, qui le croit encore exact aujourd'hui.

comme on le sait, se noya un jour d'orage en allant voir Héro. Mais c'est en traversant l'Hellespont et non le Bosphore que ce malheur, dit-on, lui arriva. — La longueur du Bosphore est d'environ 5 lieues. Sa largeur varie de 1000 à 2000 mètres. Il existe un courant rapide qui suit la direction du nord-ouest au sud-ouest, de la mer Noire à la Propontide. La profondeur est très-grande dans toute l'étendue du canal.

La pointe du vieux sérail, qu'un incendie récent a dévoré en deux heures (1), était la première chose que l'on apercevait en entrant dans le Bosphore. Ces kiosques dorés, ouverts aux injures du temps, pleins du contraste de la richesse et de la misère, asile silencieux et triste des instruments décrépits de la volupté de Mahomet, symbolisaient à merveille ce singulier empire dont ils gardaient l'entrée. Ces palais n'étaient habités que par les vieilles femmes, tristes débris des harems du dernier sultan mort. Le vieux sérail se détachait en blanc et or sur la couleur noir des cyprès qui l'entouraient : il ressemblait à un rayon de lumière au milieu des ténèbres, à un sourire au milieu des larmes.

(1) Le 10 août 1863. On dit que beaucoup de meubles et de bijoux précieux ont été la proie des flammes.

La vue de ces maisonnettes si riantes, si coquettes encore sous leurs dorures effacées, faisait sur l'esprit du voyageur une impression de gaieté et de tristesse à la fois. Que de crimes et que de larmes recélèrent en effet ces murs ! Le symbolisme de toutes choses est ce qui frappe le plus en Orient : les hommes y ressemblent aux choses, et les choses y ressemblent anx hommes. Cette harmonie parfaite du spectacle est une des plus fécondes sources du pittoresque ; nulle part plus qu'en Orient toute chose peut être étudiée comme réalité et comme figure. Il en est d'ailleurs ainsi dans toutes les sociétés où l'individualité tend à s'effacer et à disparaître sous l'étreinte du despotisme ou de l'ignorance.

Il est d'usage, en entrant dans le Bosphore, de pousser une exclamation toujours la même : car la pauvreté de notre langue humaine ne nous permet pas de varier beaucoup les expressions de nos sentiments. Je me garderai bien d'imposer à mes lecteurs la phrase admiratrice consacrée. Rade, port, rivière, lac, forêts de mâts, le Bosphore est tout ce que la terre offre de plus beau à l'admiration des hommes. Quel nom que celui de Corne-d'Or pourrait être mieux approprié à cette charmante mer intérieure, source de tant de richesses pour la ville de Constantin ! Rien ne ternit la parfaite limpidité de ces magnifiques eaux ; d'innombrables courants emportent toutes les impuretés humaines qui pourraient les souiller, et tracent des milliers de directions différentes, qui, suivies par les navires à l'ancre, donnent à la forêt de mâts qui les couvre l'aspect du plus pittoresque désordre. Au milieu de cette multitude de navires, des milliers de caïques circulent dans tous les sens, et se croisent à chaque instant sans jamais se rencontrer. « C'est le plus léger et le plus gracieux des bateaux : il est allongé, effilé en une ellipse très-amincie, qui se termine à la poupe et à la proue en deux pointes égales. Ces bateaux sont ornés de sculptures souvent dorées. Léger comme une plume, le caïque glisse sur l'eau avec beaucoup de légèreté et sans y peser, de manière à échapper à l'action des courants. Rien de curieux comme le manége des kaïdji dans le Bosphore. Vêtus de vêtements blancs, ils semblent voler sur l'eau ; ils rament en arrière, et à tout instant ils sont forcés de tourner la tête. On s'asseoit au fond du bateau, et l'on sert ainsi soi-même de lest, à la condition de demeurer dans une immobilité complète. Le fond du caïque est recouvert d'un tapis sur lequel on s'accroupit. Une certaine adresse est nécessaire quand on s'embarque ou qu'on débarque, pour ne pas faire chavirer l'équipage, tellement léger que la moindre tension des amarres sur lesquelles il passe, suffit souvent pour le renverser. Les accidents sont fréquents dans la Corne-d'Or. »

Dès que nous eûmes mis pied à terre, nous fûmes attirés par le vieux sérail. Les nouveaux sultans peuvent se construire de magnifiques palais modernes : jamais ils n'élèveront un édifice égalant en caractère et en beauté architecturale vraiment orientale le vieux sérail. C'était riche, joli, bizarre, plein de ruines, de mystère, d'ombre et de lumière; c'était nouveau enfin pour l'homme d'Occident, qui n'a jamais sous son ciel vu rien de pareil. On n'apercevait les appartements intérieurs qu'à la dérobée, et cela contribuait peut-être à l'impression qu'on éprouvait dans ces lieux extraordinaires. Ici, par une croisée garnie de barreaux de fer, comme celle d'une prison, on voyait un lit incrusté de turquoises; là des marbres de mille couleurs, plus loin des dorures massives; partout des lignes bizarrement entrelacées, les nuances les plus variées et pleines de contrastes. L'effet d'ensemble de ce singulier palais n'avait rien de commun avec la beauté architecturale de nos monuments grecs ou gothiques. Phidias ou Jean Goujon auraient pu n'y rien admirer; mais, après l'avoir vu, Decamps et Marilhat en ont rêvé toute leur vie.

En sortant du vieux sérail on trouve une place immense, au fond de laquelle s'élève Sainte-Sophie. On quitte une ruine pittoresque et tentatrice, symbole de l'Orient et de Mahomet, pour entrer dans le plus beau temple du monde, que son origine chrétienne semble conserver à travers les siècles, et que Dieu garde pour des temps prochains peut-être.

La grandeur du temple chrétien semble écraser la ville turque. Une multitude de petites coupoles se superposent et se touchent, élevées sur des murs d'une prodigieuse hauteur. Entre les arêtes de ceux-ci on voit encore les tombeaux de porphyre de trois empereurs de Byzance, faciles à reconnaître au *labarum* dont ils sont ornés, sorte de croix dont la branche supérieure se termine en forme de P.

Depuis 1453 l'abomination de la désolation, triste mais logique conséquence du schisme, est entrée dans le temple chrétien, dont l'islamisme garde aujourd'hui jalousement la porte. Depuis peu de temps les chrétiens peuvent entrer dans cette église profanée. Selon la mode turque, nous dûmes en entrant nous déchausser et garder nos chaussures à la main. L'aspect de notre troupe, semblable à une procession de bottiers, nous arracha malgré nous un éclat de rire qui dut sembler peu orthodoxe aux imans du lieu. Quand on a franchi la dernière porte intérieure de Sainte-Sophie et que l'on entre dans le temple, il semble que l'admiration étreint le cœur. L'immensité du monument, l'éclat des dorures antiques et la variété infinie des plus charmants détails, le silence actuel qui rappelle de si grands et de si tristes souvenirs : tout contribue à l'effet imposant de l'aspect intérieur de Sainte-Sophie. C'est bien là l'admirable transition de l'art grec à l'art gothique. Pour beaucoup le style byzantin est le plus beau de tous, parce qu'il résume toutes les beautés des autres styles : c'est l'harmonie parfaite de la ligne horizontale et de la ligne verticale; c'est la beauté de la terre soutenant l'inspiration céleste, l'élancement de l'âme vers Dieu.

En sortant de Sainte-Sophie, nous traversâmes une petite place, où nous admirâmes deux fontaines aux mille couleurs les plus brillantes, rehaussées de caractères arabes dorés d'un charmant effet. Des toits ondulés, d'un aspect gracieux et original, recouvrent ces fontaines. C'est d'ailleurs le genre de monuments où l'architecture orientale excelle.

En quittant cette petite place, nous nous engageâmes dans les rues étroites, mal pavées, boueuses, de Stamboul. Nous passâmes devant un hôpital français alors en construction, et, après avoir traversé la place des Janissaires, où l'on aperçoit encore le fameux serpent sans tête de Mahomet II, nous entrâmes dans les bazars.

Rien n'est à la fois curieux et bizarre comme les bazars de Stamboul. J'ose à peine en parler après Théophile Gautier, dont il faut lire la description. Les bazars forment une ville dans la ville : ils ont leurs rues, leurs carrefours, leurs fontaines ; rien ne manque à la vie du Turc dans cette ville intérieure. Il ne faut pourtant pas s'attendre à circuler dans des rues ni droites ni planes : le même désordre pittoresque règne ici comme partout dans Stamboul. Chaque genre de commerce y a son quartier spécial. Nous commençâmes par celui des étoffes, où nous trouvâmes deux marchands en pleine querelle : la pantomime de ces visages furieux laissait supposer une énergie de langage que nous étions peut-être heureux de ne pas entendre.

Une des curiosités les plus remarquables des bazars de Stamboul est le marchand arménien Ludovic. Cet habile homme a trouvé le moyen de se faire aimer des Anglais, et surtout de leur faire croire qu'il est leur ami désintéressé, et que sa boutique leur appartient. Nous trouvâmes là un gentleman qui avait voyagé avec nous, installé avec un sans-gêne extra-britannique. Il se mettait en colère parce qu'un café que lui avait offert Ludovic, n'arrivait pas assez promptement ; et j'admirai la patience de l'Arménien, son habileté à capter son monde. Je compris qu'il méritait sa vogue.

On rencontre beaucoup de femmes turques dans les bazars ; elles sont ordinairement accompagnées d'un eunuque noir, ou d'une vieille esclave, ou bien souvent d'un délicieux groupe d'enfants, si gracieux, si jolis sous leurs vêtements aux couleurs brillantes, qu'on ne se lasse pas de les admirer. On dirait, à voir ces femmes, qu'elles jouissent d'une liberté absolue ; on sait cependant ce qu'il en est. Mais il est vrai qu'elles affectionnent surtout le bazar, parce qu'il est pour elles plein de mystères complaisants. La coquetterie des femmes de Stamboul est extrême. Le voile de mousseline blanche qui couvre en partie leur visage laisse voir toute la beauté des traits et ne cache que les défauts. Nos dames françaises n'ignorent rien à cet égard de la coquetterie musulmane, qui, plus habile pourtant, ne voile jamais les feux du regard : la gaze blanche s'arrête au-dessous des yeux noirs des Orientales, et les encadre de façon à en augmenter beaucoup l'éclat. Toutes les femmes semblent belles à Constantinople, grâce à la perfidie du voile; mais si leur visage séduit, leur démarche repousse, et ce n'est pas de l'une d'elles assurément que le poëte aurait pu dire :

Incessu patuit dea....

L'heure s'avançait, et, après cette première journée, nous regagnâmes *le bord*, charmés de cette ville que tout le monde dit affreuse, et que nous trouvâmes pleine de charmes. Il est vrai que nous avons la bizarrerie d'aimer les maisons tombant en ruine, non alignées, les rues tortueuses et mal pavées, à la condition d'y trouver beaucoup de lumière et d'ombre. Ajoutez à cela que cette singulière ville sert de cadre à la population la plus miroitante, la plus bariolée qu'il soit possible de rêver. Les tableaux de genre se succèdent sans se répéter, et c'est là assurément une exposition qui vaut bien celle du palais de l'Industrie.

Trois grands ponts traversent la Corne-d'Or et font communiquer Stamboul, la ville turque, avec la rive chrétienne. Galata étale au soleil dans une boue infecte ses rues étroites et ses cabanes de bois. Péra s'élève sur la hauteur et est exclusivement habitée par des chrétiens : c'est la ville européenne, où sont réunis les palais des ambassadeurs et les maisons des négociants de toutes les nations. Les rues de Péra offrent toutes les ombres des rues de Stamboul et non les lumières; le pittoresque y fait presque complétement défaut. La foule qui s'agite dans la grande rue de Péra est la plus mêlée du monde; les habits noirs y sont trop nombreux pour qu'on puisse s'y croire encore en Orient. C'est dans le faubourg franc qu'est concentré tout le commerce de Constantinople, qui est bien loin d'ailleurs d'être aussi étendu qu'on pourrait le supposer d'après sa position et sa population. Les auteurs du *Dictionnaire du commerce*, publié sous la direction de M. Guillaumin, attribuent ce fâcheux état aux mauvaises institutions des Turcs et à la désorganisation de l'empire ottoman. La Turquie tire de l'étranger presque tous ses objets de consommation, de sorte que les exportations sont bien loin de balancer les importations. Elles ne consistent guère qu'en soie, tapis, laines, cuirs, poil de chèvre, potasse, cire, noix de galle, lingots et diamants. Le commerce appartient presque exclusivement à des maisons grecques, anglaises, françaises et arméniennes. Les Juifs jouent le rôle de courtiers et s'enrichissent comme partout. L'insouciance turque a laissé subsister la plus grande liberté commerciale en Orient ; cette heureuse condition a pu seule contrebalancer la tyrannie, la corruption et le défaut de sûreté pour les personnes et les propriétés, qui règnent partout dans les provinces, et qui ont changé les villes en villages et les palais en chaumières. « Mais, disent les auteurs déjà cités, la décadence et la ruine eussent été bien plus complètes sans la liberté du commerce; si elle n'eût pas toujours existé, dès longtemps il n'y aurait plus ni richesse ni industrie dans l'empire turc. »

A l'extrémité de la grande rue de Péra s'étend, dans un espace immense, le grand champ des morts. Les cimetières turcs n'ont pas l'air funèbre des cimetières chrétiens : les vivants n'y oublient pas ceux qui ne sont plus, et il semble que ceux-ci doivent moins souffrir de leur solitude au milieu d'un monde si bruyant, dans d'aussi pittoresques résidences. Mais il est vrai de dire que les cimetières musulmans sont souvent sales, profanés par la négligence ou les plaisirs coupables des vivants. C'est sur les tombes que se concluent toutes les affaires, que se donnent tous les rendez-vous. Les morts vivent ainsi dans la confidence constante de ceux qu'ils ont quitté; le sépulcre n'y est pas, comme en Europe, mis en coupe réglée, et la terre garde toujours l'empreinte de chacun de ses enfants. On voit ainsi les cimetières turcs s'étendre sur d'immenses espaces, envelopper partout les demeures des vivants, et la ville tend à devenir chaque jour une nécropole de plus en plus grande. Image, on peut dire encore symbole de l'islamisme, qui, en glorifiant, en éternisant la chair, étouffe la vie dans la mort. La poésie des sens enveloppe la vie et la mort en Orient, et c'est encore un souvenir sensuel qui fait du sépulcre l'institution la plus poétique de l'islamisme, l'*immobile saxum* de sa singulière civilisation. Pourquoi craindraient-ils la mort ces hommes pour lesquels elle ne garde aucun mystère, aucun doute? C'est avec douceur qu'ils foulent ces lieux charmants, dont la poussière doit à peine les recouvrir sous des bosquets de roses, à l'ombre majestueuse de ces admirables cyprès inconnus à l'Occident. Le croyant ne se lève de temps en temps de cette couche, où il ne cesse pas d'habiter avec ceux qui l'ont aimé, que pour aller s'enivrer des délices promises par

Mahomet. On ne rencontre au champ des morts ni larmes ni signes de deuil, ou du moins les larmes sculptés que l'on rencontre parfois sur les tombes des femmes, des enfants ou des adolescents, y sont dorées; et les inscriptions qui les recouvrent, plaintives élégies ou imprécations contre la *dure mort*, l'*impitoyable* mort, gravées en gracieuses arabesques, deviennent un élément du pittoresque, et non un appel à de sombres pensées. On trouve au champ des morts des allées solitaires comme des groupes bruyants. Parfois, derrière un tronc d'arbre immense, on entend de joyeux éclats de rire, et tout à coup des femmes, enveloppées dans leurs longs féredjés unicolores, s'enfuient, semblables aux fantômes de ceux qui dorment. Parfois aussi, sur un point désert, une troupe de chiens s'acharne sur un membre humain qu'elle est parvenue à arracher au sépulcre.

Jusqu'à l'an dernier le cimetière catholique, situé près de la grande caserne de Péra, avait été assimilé à ces asiles musulmans, dont l'aspect pittoresque et la poésie matérielle font un douloureux contraste avec les graves pensées qu'inspire toujours le spectacle de la mort. Le voisinage était peu convenable pour le cimetière catholique, qui vient d'être transféré dans un champ de sépulture assez voisin, réservé à nos officiers pendant la guerre d'Orient. Dans une lettre récente que nous avons eu l'honneur de recevoir, le T. R. Père Boré s'exprime ainsi : « Des murs y ont été construits, et les tombes ont été alignées et ornées de fleurs et d'arbres plantés comme dans nos cimetières de France. Le gouvernement de S. M. l'Empereur a agi grandement en cette circonstance ; il a fourni plus de soixante mille francs, et y fait même construire une habitation pour le chapelain et une chapelle funéraire. »

Le jour que nous visitâmes le champ des morts, le temps pluvieux avait éloigné les promeneurs. Le café célèbre de ce lieu était presque désert ; un magnifique chat angora y formait l'exclusive clientèle de l'établissement. De la terrasse du grand champ des morts, un admirable panorama se déroule sous les yeux : tout le Bosphore, Scutari, Stamboul, les palais du sultan, la mer de Marmara, etc ; on peut en dire toutes les merveilles, et demeurer toujours au-dessous de la vérité. En rentrant, nous traversâmes le petit champ des morts. Sous des arbres séculaires que le printemps commençait à feuiller, s'étalaient des marchands de lait caillé et de sucreries, dont les Turcs sont très-friands.

Rien n'était amusant comme de voir d'énormes Turcs, à la barbe blanche patriarcale, avaler gloutonnement, comme de vrais enfants, toutes ces bonnes choses.

L'échelle de Top-Hané est le point où l'on prend ordinairement les caïques qui doivent vous ramener à bord. La mosquée qui s'élève sur la place de ce nom, est une des plus jolies de Constantinople par la pureté de son style. Les minarets en sont cités comme des modèles. La place, avec sa fontaine et le parc d'artillerie, est charmante, et c'est là une des sources du pittoresque de Constantinople de rencontrer, à côté de rues infectes et hideuses, les places les plus propres, les monuments les plus élégants.

Au-dessus des quartiers francs, la tour de Galata s'élève à une très-grande hauteur. Sur la plate-forme de la tour on trouve un café fort fréquenté des étrangers, qui aiment à y venir contempler le panorama de Constantinople. Il m'est impossible de qualifier l'impression que fait la vue de cette immense ville, de cette forêt de navires, de ce Bosphore, et de cette mer qui, semblable à un lac d'azur, vient baigner les pieds des palais et des mosquées, dont les grandes ombres dorées se reflètent dans l'eau. . . . .

C'est du haut de la tour de Galata qu'on signale les incendies si fréquents de Constantinople du côté franc. Dans Stamboul, la tour de Solimanieh est affectée au même usage. La construction de la tour de Galata est due aux Génois, comme presque toutes les ruines du moyen âge, selon la tradition populaire. D'innombrables pigeons habitent seuls maintenant ce vieux monument, qui leur serait même exclusivement abandonné sans le cafedji qui a eu l'heureuse idée d'en faire une sorte d'Olympe turc, où, en guise de nectar, il verse un moka délicieux aux amateurs des horizons splendides.

On croit quitter le ciel pour l'enfer quand on sort de ce charmant café olympien. On suit de hautes murailles en ruine, noires d'humidité, qui projettent dans d'anciens fossés infects une ombre triste. Quelques vaches maigres y paissaient une herbe rare, à côté de chiens affamés qui dévoraient les derniers lambeaux de dépouilles immondes. Les chiens remplissent là une fonction civile dont étrangers et indigènes leur sont trop reconnaissants pour qu'on ose les déranger. Tout le monde a entendu parler de l'innombrable quantité de chiens qui encombre les rues de Constantinople : eux seuls sont chargés des soins de balayage et d'enlèvement des immondices de toutes sortes ; ils constituent donc, au point de vue de la salubrité publique, un des rouages essentiels de l'administration municipale turque. Mahomet prévoyait bien l'incurie et la malpropreté future des enfants de l'Islam, quand il leur défendit de toucher aux chiens. Eux seuls empêchent la plupart des villes musulmanes de se transformer lentement en un cloaque ou charnier fatal à la vie humaine. Il faut au musulman, ou la vie nomade qui lui permet de fuir les foyers d'infection et de mort qu'il crée partout, ou la vie en commun avec la race canine indéfiniment multipliée. Au grand scandale des croyants, nos soldats français tuèrent beaucoup de chiens qui encombraient les abords des casernes, des hôpitaux, des campements ; mais il ne parut pas que le nombre en fût diminué sensiblement. Les chiens se sentent bien chez eux à Constantinople : il n'est pas rare de voir au milieu d'une rue, dans un trou formé par l'enlèvement de quelques pavés, une chienne allaiter ses petits. La foule passe sans cesse ; les chevaux et les ânes ont bien soin d'éviter d'eux-mêmes l'intéressante famille dont rien ne saurait troubler le kief oriental.

On raconte pourtant que le grand conseil des Turcs s'alarma un jour de voir le nombre des chiens dépassser celui des croyants, et il fut décidé qu'un certain nombre de ces animaux serait sacrifié. Mais le difficile était de leur donner la mort sans désobéir au Prophète. Longues et fréquentes furent les délibérations du divan, et la question allait être déclarée insoluble, quand l'un des patriarches de l'Islam s'exprima à peu près en ces termes : « O fils puissants de Mahomet, lumières du monde, qui avez exterminé tous les chrétiens de la terre et qui avez seulement alors consenti à vous reposer dans Stamboul, êtes-vous destinés à perir à votre tour sous la dent des chiens du Prophète? Ne rougissez-vous pas de voir dans les îles voisines de Stamboul (1) toute une population chrétienne refuser la loi de Mahomet? Le grand Prophète n'a permis qu'une telle injure lui soit faite depuis longtemps, que pour faire de ces Grecs les instruments de votre salut. Transportez les chiens de Stamboul dans ces îles : ils y dévoreront les Grecs, ils se dévoreront ensuite entre eux, et le dernier survivant y mourra de faim. La loi sera ainsi ac-

(1) Les îles des Princes, à l'entrée de la mer de Marmara.

complie : vous n'aurez pas touché aux animaux sur lesquels s'étend la sollicitude du Prophète, les chrétiens des îles n'existeront plus, et l'Islam comptera une gloire de plus avec une victoire qui ne lui aura rien coûté. »

Le lendemain, en effet, d'innombrables filets furent tendus à la nuit tombante dans Stamboul : chiens et croyants y tombèrent en foule. On dégagea ceux-ci ; on garda ceux-là, dont on chargea plusieurs navires, qui allèrent les débarquer dans les îles des Princes. Mais, hélas! le vœu du divan ne fut pas réalisé. Les chiens de Stamboul, habitués aux saveurs des immondices musulmanes, ne furent pas alléchés par la chair chrétienne. Un grand nombre fut assommé par les Grecs, une autre partie mourut de faim, et le reste revint à la nage à Stamboul. L'histoire ne dit pas si le divan essaya d'un moyen plus ingénieux et plus pratique de diminuer la population canine de Stamboul. Aujourd'hui il est certain que les chiens ont pardonné à leurs amis les Turcs ce grand attentat : ils vivent avec eux dans la meilleure intelligence, et partagent leur haine contre les infidèles. Un chien turc s'éloigne toujours instinctivement d'un chrétien qu'il rencontre, en lui lançant un regard farouche accompagné d'un grognement sourd. Il est même dangereux de circuler la nuit sans lanterne allumée dans les rues de Constantinople ; plus d'un matelot ivre a payé de sa vie cette infraction aux règlements de la police turque. Les chiens, qui connaissent sans doute l'arrêté qui ordonne de porter la nuit à la main une lanterne allumée, laissent passer tous ceux qui s'y soumettent et attaquent les autres. Chaque quartier de Constantinople a ses chiens particuliers, qui n'oseraient jamais en franchir les limites sous peine d'être dévorés. Il est curieux de voir le chien du paysan s'arrêter à la porte de la ville, comme le chien libre ne pas dépasser la borne au delà de laquelle la terre lui serait inhospitalière. Le chien appartient donc à la vie turque comme accessoire indispensable. Il est le constant repoussoir ou l'ornement de tous les tableaux ; on ne s'imagine pas plus une rue ou une place de Constantinople sans chiens, que le désert sans chameaux ou une rue de Paris sans portraits photographiques. Le sol y est jonché de chiens comme de boue, de poussière ou d'immondices. Ce spectacle constant inspirait un profond dégoût à nos officiers français durant la guerre d'Orient ; il était alors de mode de se dire désenchanté à Constantinople, et il fallait presque du courage pour soutenir le contraire. On entendait raconter par tout le monde l'histoire d'un riche Anglais, qui chaque année venait admirer pendant quelques jours le Bosphore, la Corne-d'Or et la vue générale de Constantinople sans vouloir débarquer de son yacht. Que devenait le charme qui s'attachait jadis aux récits ou aux peintures des poëtes ou des artistes, qui seuls nous parlaient de l'Orient et nous en faisaient rêver comme d'une contrée pleine de merveilles! Que de gens disaient n'avoir vu que de la boue et des chiens dans ces rues et ces bazars, où la lumière semble se jouer et les plus brillantes couleurs se grouper à plaisir sous les yeux de l'artiste! Les yeux des hommes du Nord ne savaient pas voir la lumière du Midi. Stamboul fourmille de ces ravissants détails qu'un œil d'artiste peut seul voir : ces cabanes en planches mal jointes et vermoulues, ces tentes déchirées et pendantes, ces vignes grimpantes au milieu des fenêtres grillées, le contraste constant du voisinage des cabanes et des mosquées splendides : tout est une source de pittoresque. Il ne faut pas baisser les yeux en Orient, si l'on ne veut voir ni chiens ni ordures. Mais l'homme n'est pas parvenu à détruire l'œuvre du Créateur, et le ciel y est comme un immense voile d'azur qui semble s'appuyer sur les blancs minarets des mosquées, et envelopper tout ce qui s'élève au-dessus du sol. On ne peut pas nier pourtant que le pittoresque turc fatigue promptement, comme tout ce qui est exagéré.

Nous étions en plein rhamadan, et nous ne pouvions sans peine voir passer ces faces hâves et affamées des croyants, qui pour manger et fumer attendent le coup de canon sacré. Ils se dédommagent largement, il est vrai, la nuit de leurs macérations, sous prétexte que Mahomet n'a parlé que des jours de ce temps consacré; dans les nuits du rhamadan, Stamboul, à la lueur des plus fantastiques illuminations, au milieu des folies et des vociférations musulmanes, ressemble plus à un coin de l'enfer qu'à toute autre chose. Aussi, dès que le jour baissait, avions-nous hâte de regagner le bord. Nous aimions à voir le soleil se coucher derrière la forêt d'aiguilles que forment les minarets de Stamboul, enveloppés dans un léger nuage d'or. Il y a dans l'air en Orient quelque chose qui pousse à la contemplation; on n'y sent pas le besoin, comme en Occident, d'analyser ses sentiments. L'esprit le plus actif se surprend à se laisser emporter malgré lui dans une rêverie sans fin, à ne pas penser. La nuit venait ensuite, et, appuyé sur les bastingages du *Philippe-Auguste*, nous laissions nos oreilles entendre les bruits lointains et confus de fête qui nous venaient de Stamboul, nos yeux admirer les minarets en feu dont les balcons illuminés ressemblaient à des lustres suspendus au firmament, et nous respirions cette fraîche senteur maritime que la brise du soir nous apportait du Bosphore. Ces diverses sensations se mêlaient en une harmonie délicieuse, dont nous savourions les charmes sans vouloir en analyser les détails. Qui n'a connu dans sa vie une de ces heures charmantes où l'âme semble s'élancer au-dessus des tristesses du temps présent, pour contempler Dieu lui-même dans la beauté de ses œuvres? c'est comme une vision consolatrice du bonheur céleste. Mais ces moments ne doivent pas durer dans la vie, et c'est un devoir même de s'arracher à leurs dangereuses séductions. Malheur à l'homme s'il permet jamais à la partie inférieure de son être de prendre part un seul instant à cette grande émotion! L'extase devient alors de la léthargie; et c'est ainsi que les populations orientales s'abîment dans le mysticisme sensuel, quand la foi chrétienne ne leur apprend pas à échapper aux séductions d'un monde trop beau. Notre ami Paul Reynier a lui aussi connu la contemplation orientale ; mais il ne nous fut pas permis de la goûter avec lui. Nous retrouvons dans une lettre adressée à l'un de ses amis la relation suivante d'une excursion à Scutari, que nous nous garderons de décrire après lui :

« Je débarquai à Scutari, dit-il; j'étais au seuil du Bosphore; mais la vue m'en était masquée, il fallait monter sur la hauteur pour en jouir. Comment découvrir ma route? Je vois un champ des morts qui descend le long de la colline : je m'y engage, je le remonte, j'arrive à de vastes flancs de coteaux avec quelques champs en culture, le tout désert à faire impression. Je ne rencontre pendant une heure qu'un homme à mine de brigand endormi au pied d'un mur, ses longs pistolets dans sa ceinture, et un laboureur qui me regarda pâsser bravement dans ses jeunes blés sans bouger et sans mot dire. Enfin j'arrive au faîte. Ici nouvel embarras : des murailles coupent en tous sens le terrain. Ce sont des fortifications et des enceintes de propriétés particulières. Après bien des tours et des détours, je me réjouis d'avoir trouvé une issue : j'y cours, et en arrivant j'aperçois... un spectacle inconnu même de l'imagination. C'était le Bosphore. Pendant un quart d'heure j'ai profité du bénéfice de la solitude pour crier comme un fou : Oh que c'est beau! que c'est beau! J'avais les larmes aux yeux, et je ne pouvais me lasser de répéter mon cri d'admiration. Vous décrire ce que j'ai vu, cela ne se peut pas. Les tableaux dont Dieu est le peintre et qui sont faits avec une plaine d'azur à nos pieds, une voûte d'azur sur notre tête et le soleil entre les deux, ne se reproduisent pas. Figurez-vous seulement, au pied de la hauteur sur laquelle j'étais, une mer qui se resserre comme un fleuve, mais comme un fleuve d'une eau colorée, d'un bleu éclatant, toute bordée de palais dont les fenêtres avancent en relief sur l'eau comme des balcons. Tout le long de ce canal, des monticules sur lesquels se déroulent des jardins, des tapis de verdure et surtout d'épaisses lignes onduleuses de cyprès. Au loin, un délicieux tournant de rive qui donne à ce paysage, inachevé pour l'œil, quelque chose de rêveur. A l'autre entrée, la rade de Constantinople, les trois villes qui la composent dessinant à l'entour leur haut et vaste amphithéâtre, à mes pieds Scutari, et, vis-à-vis, la pointe du sérail. Après une demi-heure de contemplation ineffable, dans laquelle je n'ai regretté que vous, je suis redescendu en déclamant à haute voix tous les vers qui me passaient par la tête. J'ai repris mon caïque, j'ai longé les charmantes côtes, je suis rentré dans la rade, où, comme tout exprès pour me faire fête, a éclaté la musique militaire d'un bâtiment français qui venait d'arriver chargé de troupes.

Une charmante promenade, que ne manquent pas de faire les étrangers, est celle des Eaux-Douces d'Europe. Nous y fûmes un jour. La matinée était splendide. Les coupoles dorées de Sainte-Sophie et des mosquées de Stamboul étincelaient au soleil comme des pierreries dans un écrin d'argent. Les caïques sillonnaient la Corne-d'Or, et les cafetans des femmes turques ressemblaient aux bléuets et aux coquelicots des prairies. Comme un lac couvert de navires se rétrécissant sans cesse et se courbant en forme de corne, la Corne-d'Or se termine par la plus jolie rivière du monde, toute bordée de grands arbres, de troncs desséchés, de caranques aux ombres mystérieuses, entrecoupée de ponts de bois que le temps et non l'homme ont rendus rustiques. Sur cette rivière se croisent mille caïques dorés, pleins de femmes turques, arméniennes, grecques, juives, françaises, aux couleurs éclatantes et uniformes. Sur les rives enchantées se presse une foule multicolore : des femmes suivies d'eunuques dans des *arabas* et des *talikas* dorés marchent en procession; des familles entières sont accroupies sur l'herbe, et par la variété de leurs costumes ressemblent de loin à des groupes de fleurs sur le gazon vert. Voyez ici cette escouade de musiciens ambulants, faisant retentir les airs de leur musique bizarre et monotone ; là une troupe de bohémiens se livre à ses pittoresques mais peu graves ébats. Nous aurions voulu crayonner tous les groupes, tous les arbres, tous les caïques, tous les détails de cet étrange spectacle ; nous étions souvent obligé de démasquer nos points de vue à coups de bâton. C'est un procédé fort efficace, mais qui finit par devenir fatigant. Les Eaux-Douces d'Europe sont les Champs-Élysées de Constantinople. C'est là qu'on rencontre en certains jours toute la population oisive. L'Européen ne se lasse pas de contempler cet étrange tableau vivant, dont la couleur et non la ligne fait presque exclusivement le charme. Le Turc n'a pas cette beauté plastique qui fait admirer l'Arabe. Les femmes sont peu attrayantes à Constantinople, et l'on peut dire que leurs voiles sont plus poétiques qu'elles-mêmes. Elles jouissent aux Eaux Douces d'une liberté qui leur fait aimer ce lieu. Elles y passent des journées entières, et j'ai entendu dire qu'il n'était pas rare l'été de les y voir encore très-avant dans la nuit. C'est chose reçue, et le chef du ménage, qui ne suit jamais ses femmes, ne s'en alarme pas. La belle moitié de la population turque passe son temps, accroupie en rond sur le gazon, à deviser de choses peu édifiantes ou à contempler des danses bohémiennes dont nos lectrices n'ont pas à craindre que je leur fasse la description.

Les Eaux-Douces d'Asie sont placées sur la rive opposée du Bosphore. C'est aussi un des lieux de promenade les plus fréquentés. On ne peut s'y rendre qu'en caïque, en remontant le Bosphore, et cela seul constitue le plus grand charme de la promenade. La vallée ombreuse des Eaux-Douces est solitaire et poétique. La foule y est moindre qu'aux Eaux d'Europe et peu aristocratique. La côte d'Europe sur le Bosphore est aussi pittoresque que celle d'Asie. Rochers, bois, villages et palais se mirant dans les eaux charment constamment le regard. On n'y rencontre pas sans émotion le palais de l'ambassade de France et le collége catholique de Bébek. Les RR. PP. Lazaristes, sous la direction du R. P. Boré, visiteur de l'ordre, ont fondé à Bébek un important établissement d'instruction supérieure, où cent pensionnaires environ reçoivent une éducation complète. Les cours sont faits en français, et l'enseignement religieux est le même pour tous. Le rayonnement catholique atteint directement des Grecs et des arméniens schismatiques, et même des musulmans, qui y apprennent librement à estimer, à vénérer et à aimer les saints prêtres qui se dévouent à eux, et qui sont aussi les plus précieux instruments de la réconciliation future des sectes orientales.

L'établissement des Lazaristes a créé dans ce coin du Bosphore une vie charmante. Mille caïques se croisent souvent sur le quai d'une grande place ombragée par un platane séculaire. Les maisons de mille couleurs du village se détachent en couleurs vives sur le vert des bois et servent d'avenue au collége placé au sommet de la falaise et du village dont il semble la couronne. La vue dont on y jouit est splendide. Non loin de là, et comme transplanté de la vie catholique à la vie orientale, on peut visiter encore à Yéni-Keni, un palais inachevé, bâti par un certain Arménien, ancien fermier des douanes de Constantinople, arrêté au milieu de ses rêves de grandeur par une confiscation au profit de l'État. On dit que ce personnage consacrait tout ce qu'il volait au Grand-Turc à l'édification de ce charmant palais, à la décoration duquel il avait convié des artistes éminents de l'Occident. Tout le monde blâmait le sultan de n'avoir pas laissé au voleur achever son œuvre; il aurait aujourd'hui un palais merveilleux de plus, tandis que l'arrestation prématurée du coupable n'a rien fait rentrer dans ses caisses et ne lui a donné que des murs dégradés et détruits chaque jour par les injures de l'air.

Les îles des Princes forment dans le golfe asiatique le plus rapproché de Constantinople une des plus belles parures de la mer de Marmara. Habité par des Grecs, ce petit archipel n'est guère fréquenté par les Turcs. C'est la promenade préférée des chrétiens, qui s'y sentent sur une terre sympathique. Au moment de la guerre de Crimée, la France avait établi un hôpital dans l'une de ces îles. Nous eûmes le regret de ne pouvoir y débarquer : nous ne visitâmes que Principi, l'île la plus importante du groupe. Le calme habituel de la mer a permis d'établir un long débarcadère, très-avancé à cause de la très-faible profondeur des eaux. On arrive à travers une sorte de café-rue. Les maisons, la plupart en bois, sont bâties sur une falaise : les rues sont propres, larges et aérées. On aperçoit des rideaux aux fenêtres, des ménagères en besogne sous l'œil de la maîtresse de maison dans les intérieurs. On se sent en pays civilisé. L'aspect de calme, d'aisance, que présente cette petite ville grecque, fait du bien et repose du tumulte de Constantinople. Un grand nombre de familles grecques de cette ville ont dans les îles des Princes des résidences d'été, qui font du petit archipel le rendez-vous aristocratique de la société chrétienne. Nous passâmes la soirée dans un grand café où se réunit la *fashion* de Péra; un orchestre y jouait des airs de danse, mais on ne dansait pas. Des groupes se promenaient dans un jardin éclairé à la manière des bals publics parisiens. Sur cette poétique falaise, dont les mille feux mélangeaient dans la mer leurs reflets à ceux de Stamboul, sous ce ciel oriental, nous eussions pu pourtant nous croire aux environs de Paris, si, faut-il le dire, la distinction, la réserve, la tenue des habitués du café de Principi ne nous avaient averti que nous étions à huit cents lieues d'Asnières et de Mabille. Nous passâmes la nuit à Principi, et dès le lever du soleil nous voulûmes visiter ce singulier café éclairé par d'autres feux que ceux des lanternes vénitiennes. Au sommet de la falaise, nous vîmes un plancher s'avancer vers la mer, soutenu par des tiges de sapin dont les pieds baignaient dans les eaux. Une majestueuse solitude régnait dans ce lieu, dont le calme faisait contraste avec l'animation que nous y avions remarquée la veille. Les bruits de Constantinople, dont les coupoles se levaient seules au-dessus de la brune, n'arrivaient pas jusqu'à nous : un silence solennel régnait sur ces verts coteaux, dont les grandes ombres se prolongeaient dans la mer, qui semblait encore endormie. Quelques rares habitants fumaient leurs longs chibouques sous les premiers rayons du soleil, qui se dégageait à peine des montagnes asiatiques, au milieu desquelles l'Olympe de Bithynie s'élevait au loin. Nous quittâmes à regret Principi, et nous ne nous repentîmes pas d'avoir préféré ses brises parfumées au spectacle du jour anniversaire du Beiram à Stamboul. Les Turcs avaient été ce jour-là en grande rumeur ; toutes les mosquées et les édifices publics illuminés nous avaient montré Constantinople enveloppée dans une ceinture de feu. Le matin il y avait eu à Stamboul une cérémonie, dit-on, fort curieuse, une grande réception du sultan, où avaient figuré tous les fonctionnaires turcs en grand costume. Nous avions préféré le calme poétique de Principi à tout ce fracas, et voilà pourquoi nous ne saurions en rien dire. Tant d'autres l'ont fait d'ailleurs, que nous ne regrettons pas notre silence. Nous avouons n'avoir jamais eu de goût pour le tapage turc, et dans ces jours où Mahomet se réjouit, nous demeurions à bord ou recherchions les rues les plus désertes de Péra. Nous aimions à aller demander à la sainte maison des Lazaristes le calme et le recueillement chrétien, qu'on ne saurait trouver ailleurs à Constantinople.

Je ne puis parler sans émotion de cet établissement de Saint-Benoît, dont les dalles ont été usées par des pieds français : on se sentait chez soit en franchissant ce seuil béni. C'était la patrie qu'on retrouvait, et, plus encore, la patrie et l'Église ensemble dans ce pays infidèle où tout contriste le cœur chrétien. La maison de Saint-Benoît, que les PP. Lazaristes ont voulu placer au sein de ce quartier de Galata occupé par les grecs et les arméniens et par la partie la plus pauvre de la population chrétienne, est le centre des missions catholiques dans le Levant. Là furent réunies à leur début toutes les œuvres catholiques. Avant la fondation du collége de Bébek dont nous avons parlé et l'arrivée des frères des Écoles chrétiennes, à qui a été confié le soin de répandre l'instruction élémentaire, la maison de Saint-Benoît renfermait la seule école catholique de Constantinople. Mais on n'y trouve plus maintenant que l'antique chapelle et le couvent des PP., d'où part la direction de toutes leurs œuvres dans cette partie de l'Orient. Les sœurs de Saint-Vincent de Paul, sous la direction de la vénérable sœur Lesueur, qui occupe son poste depuis 1840, époque de leur arrivée, ont fondé leur établissement de Notre-Dame de la Providence à côté de la maison de Saint-Benoît.

« Cette maison, dit M. de Moustier dans un très-intéressant article sur la charité catholique à Constantinople publié dans la *Revue d'Économie chrétienne*, renferme un orphelinat où deux cents enfants pauvres de races et de religions diverses, sont entretenues gratuitement. Quatre cents externes fréquentent la classe, l'ouvroir et la salle d'asile; la plupart ne payent point de rétribution; quelques-unes seulement, appartenant à des familles riches, contribuent à l'entretien des orphelines. L'instruction religieuse est la même pour tous; les cours sont faits en français. Notre-Dame de la Providence abrite aussi cinquante orphelins. On y trouve encore un dispensaire, où, de tous les quartiers, les pauvres infirmes viennent chercher des conseils, des soins et des médicaments. »

Dans une de nos visites fréquentes à Saint-Benoît, nous eûmes l'honneur et le bonheur à la fois de faire la connaissance du P. Boré, dont il est inutile de rappeler la grande mission en Orient. L'éminent missionnaire qui, pour prêcher Jésus et sa croix à de pauvres enfants barbares, à des infidèles, à des chrétiens inconnus, a quitté toutes les joies et toutes les gloires intellectuelles du monde, ne nous pardonnerait pas de parler ici de lui, et nous nous taisons ; mais nous ne manquerons pas de payer un juste tribut de vénération et de regret à une mémoire qui nous est chère, à celle du P. Gamba, ancien supérieur de Saint-Benoît. La mort devait enlever trop tôt ce saint missionnaire à la reconnaissance des catholiques de Galata et de Péra ; mais, au moins, Dieu l'a-t-il laissé durant toute la durée de la guerre d'Orient à cette moisson d'âmes qu'il fit si riche dans les rangs de notre armée. Que de cœurs généreux ont battu contre le sien ! car il aimait à tenir embrassés ceux qu'il ramenait à Dieu, et qu'il savait pour la plupart ne devoir plus revenir ; que de larmes ont mouillé l'humble prie-Dieu où il fit tomber le pardon sur tant de fronts, qui bientôt devaient trouver dans une mort glorieuse une résurrection céleste plus glorieuse encore ! Nos braves guerriers, qne la curiosité ou plutôt la grâce attirait à Saint-Benoît, ne résistaient pas au rayonnement de l'âme du P. Gamba : ils s'agenouillaient, ils pleuraient, et ils étaient sauvés. Ceux qui, loin de leur pays, de leurs familles désolées, si près de la mort, ne connurent pas les consolations religieuses, furent bien à plaindre ; leur fin fut pleine d'amertume : car Dieu seul peut consoler celui qui, loin de toutes les affections du monde, privé de toutes ses espérances, attend sur la terre nue une mort solitaire.

L'hôpital français à Péra a été fondé au siècle dernier par des négociants de Marseille. Il contient, dit M. Moustier, soixante lits dans des conditions de salubrité très-satisfaisantes. Ils sont réservés par préférence à nos compatriotes, mais à leur défaut on y admet des malades indigènes. Le gouvernement français accorde annuellement à cet établissement une subvention de six mille francs; le surplus des dépenses, ici comme à la Providence, est couvert au moyen de l'indemnité fournie par les malades qui se font soigner dans des chambres particulières, et la pension que payent quelques-uns des élèves les plus riches parmi deux cents externes qui fréquentent la classe; enfin à l'aide des quêtes à domicile. L'audace des bonnes sœurs à cet égard est presque égale à leur zèle. Les Turcs eux-mêmes ne savent pas résister à leurs pieuses sollicitations, et, dernièrement encore, le sultan leur a fait don d'un terrain d'une valeur de six mille francs, qui tenait à leur hôpital.

Les sœurs de Saint-Vincent desservent encore à Poucaldi, sur la route de Therapia, l'hôpital de la Paix, qui servit d'ambulance à l'armée française. Les Sœurs dans la limite de leurs ressources y soignent les malades que ne reçoivent pas les hôpitaux spéciaux des diverses nations. Elles y élèvent aussi une centaine d'enfants trouvés.

Mais là ne s'arrête pas leur zèle, qui va chercher les criminels dans les bagnes et les cachots et soigner toutes les misères à domicile, au grand étonnement des Turcs, dont elles ont forcé l'admiration.

« En résumé, dit M. de Moustier, vingt prêtres lazaristes employés aux missions et à l'éducation de la jeunesse, trente frères des Écoles chrétiennes, cinquante sœurs de Saint-Vincent de Paul, cent cinquante laïques s'occupant régulièrement d'œuvres charitables ; tel est le personnel qui répand, au nom de la foi catholique, l'instruction, des consolations, des secours de toute sorte, au sein de cette population à laquelle le plus souvent aucun lien de sympathie humaine ne le rattache, et dont au contraire d'anciennes et profondes divisions semblaient le tenir séparé. »

C'est du petit couvent de Saint-Benoît qu'est partie l'étincelle qui a allumé dans toute la population catholique de Constantinople un zèle tel que M. de Moustier, mieux placé que personne pour l'observer, a pu dire qu'il y a peu de villes en Europe où il soit fait autant de bien.

« Ce zèle charitable, dit le même auteur, que nous nous plaisons à citer, est d'autant plus honorable pour ceux de nos compatriotes et de nos coreligionnaires qui prennent part à ces bonnes œuvres, que les hommes de loisir sont rares à Péra. On n'y compte guère plus de deux mille Français, et si on ajoute à ce nombre un nombre double d'Autrichiens, d'Espagnols, d'Italiens, la population catholique étrangère n'y dépasse pas 5 ou 6,000 têtes. »

Là comme partout la société de Saint-Vincent de Paul est le foyer où viennent s'allumer les plus généreux dévouements laïques. Une cinquantaine d'hommes se réunissent en conférence à l'archevêché de Péra pour faire le bien, et ne demeurent étrangers à aucune misère physique ou morale. A côté de la société de Saint-Vincent de Paul, les dames de charité, au nombre de cent environ, vont chercher des souffrances spéciales, et, unissant leurs efforts aux membres de la conférence, prêtent un concours efficace aux PP. Lazaristes, aux frères et aux sœurs de Constantinople. Qui peut dire les fruits que portera un tel zèle? Dieu a ses secrets; mais au moins peut-on affirmer que tant de sang français ne peut pas avoir coulé inutilement en Orient, comme tant de charité, tant de dévouement ne peuvent s'y dépenser en vain chaque jour.

Les PP. Lazaristes n'ont pas limité leur action à l'instruction, à la prédication et au soulagement des misères physiques et morales; ils ont essayé à former aux travaux des champs cette population chrétienne d'Orient qui doit trouver dans la culture des plus belles terres du monde, aujourd'hui incultes, un des principaux éléments de son avenir moral et politique. L'intéressant essai agricole du tchiflik Saint-Vincent mérite toute notre protection. Depuis vingt ans que les révérends Pères ont établi leur orphelinat agricole, 4,000 hectares de terre ont été mis en valeur et un centre de population s'est créé. Nous ne saurions trop engager nos lecteurs à lire, dans le travail de M. le comte de Moustier dont nous avons parlé, les intéressants détails qu'il donne sur cette précieuse fondation de la charité catholique.

Nous quittâmes l'hôpital français avec le regret de n'avoir pu revoir le P. Gamba avant de nous embarquer. Le temps était magnifique et la Corne-d'Or semblait s'être parée de ses charmes les plus brillants pour notre départ. Nous allions remonter le Bosphore. On croit rêver en voyant se dérouler devant les yeux cette série de magiques tableaux. A l'entrée du Bosphore, les palais de Top-hané d'un côté et la gracieuse tour blanche de Léandre avec Scutari de l'autre, forment le cadre du premier tableau, dont le fond est dessiné par les méandres gracieux du Bosphore. Les palais du sultan, les maisons aux mille couleurs des villages turcs, se reflètent comme d'innombrables arcs-en-ciel dans les eaux limpides du détroit, et s'harmonisent admirablement de ton avec les masses sombres des grands arbres qui croissent sur ces rives enchantées. Les côtes n'ont rien de commun avec celles de la Grèce et de la Syrie. La végétation la plus riche ombrage ces palais suspendus sur des falaises, ces pittoresques cabanes qui se mirent dans les eaux. Le printemps nuançait de mille couleurs ces riches coteaux. Le rouge, le blanc et le vert donnaient lieu à des contrastes d'un imprévu charmant. Les eaux du Bosphore prennent les nuances les plus variées. L'azur du ciel s'y mêle au vert des bois, au blanc, au rouge des palais et des villages. Des milliers de navires sillonnent ces eaux calmes, et les caïques ressemblent à des flèches lancées sur elles. On voit des myriades d'oiseaux voler par groupes avec une rapidité extrême, et sans jamais se reposer sur les eaux qu'ils touchent presque de leurs ailes. Remontant et redescendant sans cesse le cours du Bosphore, ces oiseaux passent auprès des Turcs pour être des âmes en peine, et ils portent même ce nom. C'est une sorte de mouette sacrée que la superstition musulmane entoure de respect.

Nous passâmes devant Thérapia, Buyuk-Déré; nous saluâmes en passant le drapeau de la France, qui flottait sur le palais de notre ambassadeur, et la frégate de la *Belle-Poule*, mouillée dans le Bosphore. Nous brisâmes notre vergue de grande hune à l'un de ces navires qui encombrent le canal, et nous arrivâmes dans la mer Noire. Dans un dernier regard jeté sur la terre turque, nous admirâmes un cimetière aux grands cyprès sombres et aux roches de formes fantastiques, que surmonte un donjon en ruine dont les blanches murailles se relèvent en relief sur le vert des bois : c'est un cimetière qu'on voit toujours quand on arrive en Orient ou qu'on le quitte; c'est la mort pour le présent et la mort pour l'avenir. Cette amère pensée voilait de deuil pour nous le souvenir de ces lieux merveilleux que nous venions de quitter. Elle n'était pourtant pas sans consolation. Depuis quatre siècles, il est vrai, la nature prodigue ne cesse pas de verser ses richesses sur ce qui fut l'empire d'Orient ; et l'islamisme, qui ne voit rien de ces dons divins, ne cesse de vivre de la mort. Mais il a aujourd'hui dévoré les derniers débris de sa victime, et il est condamné à mourir lui-même sur cette terre chrétienne dont il a épuisé la séve. La mer Noire se déroula devant nous comme un lac immense qu'en vingt-neuf heures nous devions franchir. Nous quittions la terre turque pour la terre russe, dont nous ne tardâmes pas à entendre les mugissements belliqueux. C'était aussi un cimetière qui devait y frapper nos yeux ; mais où, semence féconde, le sang généreux qui s'y enfouissait doit un jour produire de nobles fruits. Il y a de la Turquie à la Russie la différence de la mort à la léthargie : celle-ci conserve l'espérance. Les Russes, au milieu de leur barbarie, que cache à peine dans certaines classes un vernis doré, ont conservé la foi en Jésus-Christ : c'est elle qui les sauvera quand l'heure du schisme aura passé, et que le réveil au catholicisme et à la liberté sonnera pour eux.

Mais je m'arrête pour ne pas m'engager sur un terrain qui ne m'est pas ouvert. Voilà bien longtemps d'ailleurs que dure ce récit, et je ne saurais abuser davantage de la bienveillance qui m'a accompagné jusqu'ici. Puissent ces simples souvenirs d'un temps déjà loin inspirer à mes lecteurs le désir de voir ce beau pays que j'ai eu tant de douleur à quitter ! La vieille terre des croisés se plaint des délaissements de l'Occident, et Sion ne cesse pas de pleurer de voir les hérétiques accourir seuls à elle et ses enfants l'oublier. Honneur aux pèlerins qui, chaque année, vont baiser les pas du Sauveur ! Sion a pu sur eux laisser couler ses larmes, et elle a été consolée.

FIN.

TABLE

PARIS. — IMP. ADRIEN LE CLERE, RUE CASSETTE, 29.

www.ingramcontent.com/pod-product-compliance
Ingram Content Group UK Ltd.
Pitfield, Milton Keynes, MK11 3LW, UK
UKHW020104200726
13856UKWH00002B/371